KB201753

IB 탐구 수업과 질문하는 문해력

책으로 탐구하는 IB 학습자상 수업과 읽고 쓰기를 위한 방법

신현주·유영호·오선이 지음

탐구 수업과 질문하는 문해력

INTERNATIONAL BACCALAUREATE

들어가며

우리 아이들이 의미 있는 교육, 좋은 수업을 받기를 원하는 마음은 교사나 부모라면 누구나 갖고 있을 것이다. 오늘날 학습의 기초적인 능력으로써 문해력이 강조되고 있는데 우리나라뿐만 아니라 다른 나라에서는 읽고 쓰는 수업이 어떻게 이루어지는지 궁금해 찾아보았다. 그러던 중 긴 글을 읽고 자기 생각을 써 내려가야 하는 국제바칼로레아(IB)의 평가 문제를 보게 되었고, 학생들이 이런 평가를 치를 수 있는 능력을 갖추게 하는 IB 교육이 어떤 것인지 궁금해졌다. IB에 대해 더 깊이 배우고 싶어서 IB 교육자를 위한 자격증 과정인 IBEC를 시작했고, 국제학교도 탐방하고, IB 학교 선생님들과 이야기도 나눌 수 있었다. 그중에서도 가장 좋았던 점은 IB의 교육 철학이 구현되는 IB 학교의 수업을 참관한 것이다.

IB 학교 수업은 우리나라 교육과 비슷하면서도 다르다. 학생들의 호기심을 바탕으로 질문을 만들고 문제를 해결해 나가는 IB 탐구 수업은 우리와 비슷하지만, '개념적 이해'를 추구하고 학교 자체의 탐구 단계에 따라 교육과정이 체계적으로 이루어지고 있다는 점은 우리와 다르다. 또 전체 교사들이 협업하여 1학년부터 6학년이 전부 포함된 탐구 프로그램을 계획하고 같은 학년 교사들끼리 여러 차례 논의하며 함께 탐구 단원을 만드는 시스템은 신선하게 다가왔다.

탐구 수업의 단계를 봤을 때는 '일반화하기', '전이하기', '성찰하기'가 새로웠다. '일반화하기'는 학생들이 자료를 조사하고 탐구를 통해 발견한 내용을 개념적으로 정리하는 과정이다. '전이하기'에서 학생들은 자신들이 만든 일반화가 다른 새로운 상황에 적용되는지 확인한다. '성찰하기'는 탐구 과정 내내 이루어지는데 학생들에게 학습에서 무엇을 배웠고, 어느 만큼 성장했는지 생각할 기회를 준다.

배우면 배울수록 IB 방식의 탐구 수업을 일반 학교 아이들과 해보고 싶어졌다. 그런 마음을 담아 IB 학습자상과 관련된 책을 읽고, 탐구 질문을 만들고, 그 답을 찾아 일반화를 끌어내는 수업을 계획하고 진행한 과정을 이 책에 실었다.

IB 교육에 대한 관심이 뜨겁다. 현재 IB 프로그램을 도입해서 운영하는 공립학교도 있다. 일반 학교에서는 2022 교육과정에 따른 개념 기반 수업 관련 연수와 실천 후기가 나오고 있다.

이러한 변화를 보면서 IB 학교의 교실에 놓여있던 수많은 책과 그 책을 수시로 읽고 쓰던 학생들의 모습이 떠올랐다. IB 학교를 방문할 때마다 빠지지 않고 들렀던 도서관에는 학생들을 위한 자료와 책들이 항상 준비되어 있었다. 어떤 도서관에는 따로 'Writing room'이 있어서 저학년부터 글쓰기 프로그램을 운영하고 있다. 입학할 때부터 읽고 쓰고 말하며 쌓은 시간이 분명 지금 학생들의 학습에 영향을 미쳤을 것이다.

탐구 수업을 진행할수록 학생들이 풍부한 사실적인 지식을 갖고 있어야 하고, 구체적인 지식이 나오는 책이나 자료를 많이 읽고 쓰는 능력이 중요하다는 사실을 발견했다. 책을 어떻게 읽고, 글을 어떻게 써야 할지 고민하는 학생들을 위해 문해력을 키울 수 있는 방법을 이 책에 담았다.

우리의 지난 과정이 개념적 이해를 위한 수업뿐만 아니라 학생들의 기초적인 학습 능력을 키우기 위한 독서와 글쓰기에 대한 관심도 같이 불러일으켜 주기를 희망한다.

추천사

의미 있는 배움으로 이끄는 탐구 수업

이선미(서울금북초등학교 교감, 서울특별시교육청 초등 IB 지원단 단장)

변화하는 세상에서 우리 아이들은 끊임없이 새로운 정보를 습득하고, 비판적으로 사고하며, 문제를 해결해야 합니다. 이 모든 과정에서 핵심이 되는 것이 바로 '사고력'과 '문해력'입니다.

저자들은 오랫동안 독서 교육과 IB를 연구하고 실천한 전문가로서 독서와 결합하여 IB 교육의 핵심을 깊이 있고 통찰력 있게 조명하고 있습니다. 특히, '책으로 탐구하는 IB 학습자상 수업'은 IB 방식의 탐구 수업이 어떻게 학생들의 사고를 확장하고 의미 있는 배움으로 이끄는지 그 발자취를 고스란히 담고 있습니다.

또한, 이 책은 IB 교육 철학과 원리를 바탕으로 어떻게 학생들의 사고력과 문해력을 효과적으로 길러줄 수 있는지 구체적인 방향을 제시해 줍니다.

단순한 이론서가 아니라 실제 수업에서 활용할 수 있는 실천적 가이드로써 교육 현장의 교사와 학부모 모두에게 유용합니다. IB 교육에 관심 있는 교사와 학부모 그리고 문해력을 바탕으로 아이들의 배움을 돕고 싶은 모든 이에게 강력히 추천합니다.

'읽고 쓰고 생각하는 사람이 된다'는 것은 무슨 의미일까요? 오롯한 나만의 발걸음으로 배울 수 있다는 것입니다. IB 교육이 추구하는 궁극적인 목표인 평생 학습자를 기르는 것과도 일맥상통합니다.

학생들이 더 넓은 세계를 탐구하고, 질문하며, 스스로 답을 찾는 힘을 기를 수 있도록 돕는 이 책이 더 많은 교실과 가정에서 활용되기를 기대합니다.

추천사

생각하는 힘을 기르는 탐구의 과정

성수진(서울구로초등학교 교사, IB 코디네이터, IB PYP 직무연수 강사)

서울특별시교육청 IB 연구추진단 첫 모임에서 저자를 처음 만났습니다. 우리는 일주일에 한 번 연구 모임을 하며, IB 초등교육 프로그램에 대해 함께 탐구했습니다. 협력적 탐구를 통해 IB 교육뿐만 아니라 개념 기반 탐구 학습을 깊이 이해하고 실천했으며, 현장의 고민을 해결하고자 노력했습니다. IB를 탐구하는 과정에서 제가 근무하는 학교는 IB 후보학교가 되었고, 학교 선생님들은 학생들에게 좋은 교육 활동을 제공하고자 최선을 다하고 있습니다.

IB 학교는 탐구에 기반한 수업을 통해 학습자 주도성을 길러주고자 학교 공동체가 지속해서 협력합니다. 하지만 탐구에 기반한 수업을 하며 쉽사리 해결되지 못하는 어려움을 겪고 있습니다. 바로 학생들의 '문해력'과 '사고력'입니다.

학생들이 주도적으로 탐구하기 위해서는 자료를 해석하고, 생각을 표현할 수 있는 문해력이 필요합니다. 또한 주어진 자료를 종합하여 일반화하기 위해서는 생각할 수 있는 힘, 사고력이 중요한 역량입니다. 사실 문해력과 사고력은 IB 학교의 학생에게만 필요한 것이 아니라 미래를 살아갈 아이들에게 필수적인 역량이라고 생각합니다.

문해력과 사고력을 기르는 탐구 학습을 어떻게 할 수 있을지에 대한 답을 이 책에서 찾을 수 있었습니다. 실제 수업에 참여하고 있는 듯한 수업 사례를 보며 직접 수업에 적용해 보고 싶은 기대감이 커졌습니다.

지금까지 제가 경험한 독서 활동은 책을 읽고, 관련된 미술 활동을 하거나 토의 토론으로 이어지는 독후 활동이었습니다. 하지만 이 책은 생각하는 힘을 기르는 탐구의 과정을 경험하는 것에 중점을 둡니다. 이렇게 책을 읽으며 끊임없이 생각을 자극하는 탐구 학습을 경험한 학생들은 배움을 주도하는 평생 학습자로 성장할 수 있을 것입니다.

더 나은 수업을 위해 끊임없이 탐구하고 계시는 현장의 많은 선생님에게 이 책이 큰 도움이 되기를 바랍니다.

차 례

2부 책으로 탐구하는 IB 학습자상 수업

IB 탐구 수업을 위한 문해력

1

IB란 무엇인가

부

INTERNATIONAL BACCALAUREATE

IB 이해하기

IB의 시작

IB는 International Baccalaureate(국제 바칼로레아)의 줄임말로 국제적인 교육 프로그램이다. 여러 나라를 다니며 교육을 받는 외교관 자녀들이 지리적 이동이 있더라도 균형 잡힌 교육을 받을 수 있도록 하는 프로그램이 필요해지자 1968년 다양한 국가의 대학에서 수용될 수 있는 교육과정으로써 고등교육 프로그램Diploma Programme, DP이 먼저 시작되었다. 그 후 1994년 중등교육 프로그램Middle Years Programme, MYP이, 1997년 초등교육 프로그램Primary Years Programme, PYP이 연속성을 가지고 실현되었으며, 2012년에는 16~19세 학생들을 대상으로 하는 직업 연계 프로그램Career-related Programme, CP이 제공되었다.

우리나라에서는 서울외국인학교에서 처음 IB를 도입했고 국제학교 위주로 진행되다가 최근에는 제주와 대구를 시작으로 서울, 경기, 충북 등 11개 시도교육청에서 도입하여 공교육에서도 IB 프로그램이 운영되고 있다.

IB를 도입한다는 것은 IB 프로그램의 틀에 우리나라 교육과정을 녹여 운영한다는 뜻이다. IB를 도입한 우리나라의 국제학교들도 국어 교육과정은 미국, 음악은 호주 등 각 학교에서 사용하는 교육과정을 IB 프로그램에 녹여서 운영한다.

국내 IB 과정을 도입한 학교의 탐구 프로그램

제주풍천초등학교

대구중리초등학교

부산남성초등학교(사립)

서울외국인학교(SFS)

IB 프로그램에 영향을 준 교육 이론

IB 프로그램이 운영되는 원리나 철학 바탕에는 존 듀이, A.S 닐, 장 피아제, 제롬 브루너의 여러 교육 이론이 뒷받침되어 있다. 존 듀이는 '경험 중심 교육'을 강조한 교육 철학자로, 학생들이 실제로 체험하고 탐구하며 배우는 것을 중요하게 생각했다. 탐구의 시작으로 학생들의 호기심을 중요하게 생각했으며, 또 교육이 실생활과도 연결되어야 한다고 강조했다. IB 초등교육 프로그램에서는 탐구가 실제 생활과 밀접하게 관련되며, 학생들의 지식이 구성되는 과정을 중요하게 여긴다. 이런 모습에서 존 듀이의 이론이 구현되는 것을 볼 수 있었다.

서머힐은 '학생들의 자유를 최대한 존중하면서 총체적이고 조화로운 사람으로 성장하게 하는 것'을 목표로 하는 영국의 대안학교이다. 서머힐의 설립자인 A.S 닐 또한 IB 프로그램에 영향을 주었다. 닐은 아이들이 강요로부터 벗어난 자유 상태에서 가장 잘 배울 수 있다고 여겼고, 아이들은 개개인의 속도에 맞춰서 배워야 한다고 생각했다.

인간의 인지발달론을 정립한 장 피아제는 아이들이 세계를 이해하는 방식은 성인과는 다르며 특정 단계를 거치며 진행한다고 보았다. 그래서 인간의 인지 발달을 감각운동기-전조작기-구체적 조작기-형식적 또는 추상적 조작기 4단계로 나누었다. 그리고 환경과의 상호 작용을 통해 능동적으로 지식을 구성하면서 발달이 이루어지기 때문에 교육은 아이들이 구체적으로 경험하고, 서로 의사소통할 수 있는 환경을 만들어야 한다고 강조했다.

마지막으로 교육학자이자 교육심리학자인 제롬 브루너는 교육의 과정으로써 '지식의 구조'를 말하며, 학생들은 교과의 구조 또는 교과의 핵심을 이루고 있는 아이디어나 개념을 배워야 한다고 주장했다.

이 외에도 IB 프로그램 운영에 여러 연구와 교육 이론이 영향을 주고 있다. IB를 알아가다 보면 각각의 이론이 수업이나 평가, 환경 등에 영향을 주고 실현되는 지점을 만날 수 있다.

IB 교육의 목표와 핵심 요소

IB에 대한 이해를 돕는 공식적인 소개 자료 〈IB란 무엇인가?〉(IBO, 2020)는 IBO 홈페이지(https://www.ibo.org/)에 공개되어 있다. 여기에서 제시한 IB의 교육 목표는 다음과 같다.

> "서로 다른 문화를 이해하고 존중하며, 더 나은 평화로운 세상을 실현하는 데 기여할 수 있는, 지식이 풍부하고, 탐구심과 배려심이 많은 청소년을 기르는 것입니다."

IB는 만들어질 때부터 다양한 나라를 이동하며 교육을 받아야 하는 아이들을 대상으로 했기 때문에 국제적 소양을 기르는 데 중점을 두고 있다. 국제적 소양은 IB 프로그램의 핵심 요소 중 하나로, 나머지 세 가지는 IB 학습자상, 폭넓고 균형 잡힌, 개념적이고 연계성 있는 교육과정, 교수·학습 접근 방법이다.

IB의 핵심 요소에 대해 하나씩 살펴보자.

국제적 소양

국제적 소양은 IB의 가장 궁극적인 교육 목표이다. 다양한 국적과 배경의 학생들이 모이고 이들이 다시 국제 사회로 나가야 하기에 다른 문화에 대해 열린 자세를 갖고 서로 간의 깊은 상호 관계성을 이해하는 것이 중요하다.

탐구 수업의 주제를 선택할 때도 교사는 지역에 국한된 주제가 아니라 세계에서 일어나는 문제나 이슈와도 연결되는지 고민한다. 좀 더 깊이 들어가면 국제적 소양은 다른 나라의 문화를 이해하는 것뿐만 아니라 인간 고유의 관점, 정체성 등을 존중하는 폭넓은 의미로 받아들일 수 있다.

IB 학습자상

IB에서 공개하는 문서의 서두에는 항상 IB 학습자상이 나온다. IB 학습자상은 IB 프로그램을 이수한 학생들이 최종적으로 갖기를 원하는 모습으로, 국제적 소양을 갖춘 학생의 자질이라고 볼 수 있다.

IB의 프로그램 모델에서도 가장 가운데를 학습자상이 차지하고 있다. 포털 사이트에서 '학습자상Learners Profile'을 검색하면 그림으로 표현된 이미지가 여러 개 있다.

IB 학습자상을 이미지로 구현해 놓은 사례

우리나라 2022 교육과정에서 추구하는 인간상으로 '자기 주도적인 사람, '창의적인 사람, 교양 있는 사람, 더불어 사는 사람'을 제시하고 있는 것처럼 IB에서도 10가지 학습자상을 제시하고 있다. 탐구하는 사람, 지식이 풍부한 사람, 사고하는 사람, 소통하는 사람, 원칙을 지키는 사람, 열린 마음을 지닌 사람, 배려하는 사람, 도전하는 사람, 균형 잡힌 사람, 성찰하는 사람이다.

탐구 단원의 계획이나 평가, 교육과정, 학교 환경 등 모든 곳에 IB 학습자상이 녹아 들어있다. IB 학교를 탐방할 때도 복도나 교실 벽면 곳곳에서 학습자상 포스터나 이미지를 볼 수 있었다. 도서관에 들어가는 입구에도 10가지 학습자상과 관련된 인물이 나오는 위인전이나 동화책 등을 학생들이 볼 수 있게 따로 모아둔 곳도 많았다.

폭 넓고 균형 잡힌, 개념적이고 연계성 있는 교육과정

IB 학교의 수업을 교사 개인이 하기 어려운 이유는 바로 폭넓고 균형 잡힌, 개념적이고 연계성 있는 교육과정 때문이다. IB는 전체 교사가 협력하여 탐구 프로그램Programme of Inquiry, POI을 짜도록 체계화되어 있다. 탐구 프로그램에는 각 학년과 초학문적 주제*, 중심 아이디어, 명시된 개념 및 추가 개념, 탐구 주제 목록 등이 들어간다.

탐구 프로그램을 완성하기 위해 IB 학교에서는 모든 교사가 새 학기가 시작되기 전 엄청난 논의 과정을 거친다. 그 시간을 통해서 교사는 각 학년의 교육과정을 깊이 고민하면서 다른 학년의 어떤 내용과 연결되는지 이해할 수 있다. 그 결과 학생 입장에서는 똑같은 내용이나 활동이 중복되지 않고, 균형 잡히고 연계성 있는 배움을 경험하게 되는 것이다.

또 개념적 이해를 추구하기 때문에 학생들의 탐구를 이끌 7가지 명시된 개념**과 추가 개념을 제시하고, 1년 동안 균형 있게 탐구할 수 있도록 고려하여 구성한다. 이처럼 탐구 프로그램은 학생들이 폭넓고 균형 잡힌 학문 및 학습을 경험하고 탐구할 수 있도록 기회를 제공하는 기본 틀이 된다. IB 학교에서는 가장 잘 보이는 공간과 학교 홈페이지에 전체 탐구 프로그램이 제시되어 있다.

교수·학습 접근 방법

IB의 교수·학습 접근 방법은 구성주의, 근접발달이론, 학습과학 등 현대의 교육 관련 연구 결과를 바탕으로 만들어졌으며, 교사는 어떻게 가르치고, 학생은 어떻게 배워야 하는지 방향성을 제시하

* 우리는 누구인가, 우리가 속한 공간과 시간, 우리 자신을 표현하는 방법, 세계가 돌아가는 방식, 우리 자신을 조직하는 방식, 우리 모두의 지구

** 형태, 기능, 연결성, 변화, 인과관계, 관점, 책임

는 역할을 한다.

교수 접근 방법과 학습 접근 방법에 대해서 자세히 알아보자.

교수 접근 방법(Approaches to Teaching, ATT)

교수 접근 방법ATT은 IB 학교 교사라면 어떻게 가르쳐야 하는지 말해주는 수업 원리로, '탐구에 기반, 개념적 이해의 강조, 지역과 세계적 맥락에 연결, 효과적인 팀워크와 협력의 강조, 학습의 방해 요소를 제거, 평가 정보의 활용' 6가지가 있다(IBO, 2020).

IB 학교에서 교사는 수업을 설계할 때 항상 교수 접근 방법을 고려해야 한다. 특히 탐구를 중요시하기에 학생들이 스스로 탐구할 수 있도록 수업을 구성한다. 어떤 것을 탐구할지 세부적으로 구성한 내용이 바로 '탐구 단원Unit of Inquiry, UOI'이다.

탐구 단원 시간에 아이들은 해당 주제를 가지고 60~80차시(학교마다 다르지만, 보통 1~2개월)에 걸쳐 탐구를 진행한다. IB의 탐구 단계는 크게 탐구-성찰-실천의 3단계이며, 그 밖에 캐스 머독의 6단계 탐구 단계(들어가기-파악하기-분류하기-확장하기/더 나아가기-성찰과 실천하기)와 마샬과 프렌치가 만든 탐구 단계(관계 맺기-집중하기-조사하기-정리하기-일반화하기-전이하기-성찰하기)를 사용한다.

캐스 머독은 오랫동안 탐구를 연구한 교육자이다. 여러 IB 학교에서 그가 개발한 탐구 단계를 활용하고 있다. 마샬과 프렌치는 개념과 탐구를 결합한 개념 기반 탐구 수업 단계를 고안했으며, 우리나라에는 《개념 기반 탐구학습의 실천》이라는 책으로 출간되었다. 그들의 탐구 단계를 그대로 쓰는 경우도 있지만 학교마다 탐구의 주체인 학생들이 이해하기 쉽게 용어를 바꾸거나 단계를 변형하기도 한다.

학교	탐구 단계					
A학교	준비하기	찾아내기	분류하기	더 나아 가기	종합 및 성찰하기	행동 및 적용하기
B학교	관계 맺기 집중하기	조사하기	조직 및 정리하기	일반화 하기		
C학교	탐구 시작하기	조사하기	정리하기	실행하기	성찰하기	

IB 학교의 교실에서는 탐구 단계에 따른 학생들의 게시물을 자주 볼 수 있었다. 어디에서나 게시물을 볼 수 있게 한 것은 학생들이 자신들의 탐구 과정을 보며 어느 위치에 있는지 확인할 수 있고, 친구들의 내용을 보면서 배울 수 있기 때문이다. 또한 탐구 노트에 조사한 내용이나 생각을 기록하는 학생들의 모습을 자주 볼 수 있었다. 직접 만든 팟캐스트나 동영상 파일은 학교 내 SEESAW와 같은 플랫폼에 올리지만, 탐구 단원마다 개별 노트가 있어서 직접 필기를 하는 경우도 꽤 많았다.

눈에 띄는 건 분량이었다. 뒷이야기를 쓰는 과제를 하는 데 종이 2장을 가득 채우는가 하면, 탐구 주제에 따라 정리하고 적은 내용으로 노트를 빼곡하게 채웠다. 요즘 아이들은 연필을 잡고 글을 쓰는 것을 어려워해 국어 교과서 10줄 분량의 글도 겨우 채우는 경우가 많은데 그들의 노트를 보며 놀랐던 기억이 난다. 물론 학생들이 개별 디지털 기기도 가지고 있고, 교사와 학생 모두 다양한 온라인 프로그램을 적극적으로 활용하지만 흔히 기초적인 학습이라고 부르는 읽기와 쓰기에도 많은 시간을 할애하고 있다는 것을 느꼈다.

국내의 한 국제학교에서는 IB 초등교육 프로그램 시간표에 읽기와 쓰기 수업이 따로 배정되어 있는가 하면 매일 1시간씩 모두가 책 읽기에 집중하는 DEARDrop everything and All Reading 시간이 있었다. 이와 별도로 탐구 수업에서 기본적인 자료를 읽고 쓰는 시간이 많다고 했다.

IB 학교에는 교과서가 없다고 하지만 아무것도 없이 탐구 활동을 할 수는 없다. 그래서 교사와 사서 교사가 탐구 주제별로 미리 온라인과 오프라인의 자료를 엄선해서 모아둔다. 학생들이 탐구에 관한 기본 자료를 읽고 해석할 수 있도록 교실이나 복도, 도서관에 작가별 또는 수준별로 항상 책을 볼 수 있게 비치하고, 탐구 주제별로 관련 도서를 학교 도서관이나 자료실에 따로 두는 경우도 많았다. 요즘에는 국제학교에서도 문해력 향상에 관심을 두고, 따로 문해력 전문 코칭 교사를 두거나 집중적으로 읽고 쓰는 프로그램을 운영한다고도 했다.

학생들의 탐구는 글이나 말, 전시 등 학생들이 표현한 결과물로 이루어지기 때문에 자신들이 생각하고 표현하는 것을 배우는 것 또한 중요하게 여긴다. 교실에도 쓰기 전략과 같은 자료를 어디서나 볼 수 있게 붙여놓았고, 그래픽 오거나이저를 통해 생각을 정리하고 구조화하는 법을 배우기도 했다.

그렇다면 IB 학교에서 깊이 있는 탐구를 통해 학생들이 궁극적으로 배우기를 원하는 것은 무엇일까? 새로운 맥락에 적용할 수 있는 '개념적 이해'이다. IB 학교에서는 학생들이 탐구 수업에서 최종적으로 도달하기를 원하는 '개념적 이해'를 하나의 일반화 문장으로 나타내는데 이를 '중심 아이디어'라고 한다. 탐구 단원에 들어가는 중요한 요소이다.

또 교사는 탐구의 내용이 지역과 세계적 맥락에 연결될 수 있게 자료를 준비해야 한다. 예를 들어, '기후 위기' 주제로 탐구 수업을 진행한다고 할 때 학생들이 사는 지역뿐만 아니라 다양한 장소의 자료도 같이 제시한다. 수업이 이루어지는 동안에는 학생들이 팀워크를 경험할 수 있도록 하고, 교사와 혹은 학생끼리 협력할 수 있는 기회를 제공해야 한다. 학교에서는 학생들의 다양한 학습 요구를 포용하고 각각의 목표를 달성하도록 도와주는 환경을 마련하고, 개별화를 반영하여 수업을 설계한다.

마지막으로 IB에서는 평가도 중요한 수업의 요소이다. 수업을 계획할 때부터 평가를 고려해야 하며, 평가를 통해 얻는 정보는 학생에게 피드백하고 학생의 학습과 교사의 수업에 반영되도록 활용하는 것을 강조한다.

학습 접근 방법(Approaches to learning, ATL)

학습 접근 방법ATL은 학생들이 학습하는 데 필요한 기능이다.

'사고 기능, 의사소통 기능, 대인 관계 기능, 조사 기능, 자기 관리 기능' 5가지 기능은 서로 연관되어 있다. 예를 들어, 사고 기능은 학생이 학습하는 데 필요한 기능이며, 하위 항목으로는 창의적인 사고, 비판적인 사고 등이 있다. 사고 기능은 저절로 길러지는 것이 아니기에 학생들은 사고하는 방법 자체를 배워야 한다. 그래서 교사는 학습 접근 방법을 학생들에게 어떻게 가르칠지 항상 고민한다. 다양한 아이디어가 필요할 때는 '브레인스토밍' 전략을 사용하는 것이 필요하고, 자료를 조사할 때는 출처와 저작권을 고려해야 한다고 학생들에게 알려주고, 기능을 익힐 수 있는 학습 경험을 계획한다.

IB 학교의 수학 수업을 참관했을 때 교사가 '분할 스크린Split Screen' 방법을 활용해서 학생들에게 오늘 학습에 사용했던 기능을 제시하는 것을 볼 수 있었다.

What did we learn? (우리는 무엇을 배웠나요?)	How did we learn? (우리는 어떻게 배웠니요?)
숫자의 패턴 수 띄어 세기	의사소통 기능 사고 기능

수업할 때 '무엇을' 배웠는지에 대한 내용을 칠판에 쓰거나 안내하는 경우는 많았지만 '어떻게' 배울 것인지 생각하거나 가르쳐준 적은 없었다. IB의 교육 목표는 학생들이 '평생 학습자'가 되는 것이

다. 평생 학습자가 되기 위해 가장 중요한 것은 바로 학습하는 방법을 배우는 것이 아닐까? 그렇게 배운 기능은 학교를 넘어 학생들의 삶에서 전이되어 활용될 것이다.

IB에 대해 더 알고 싶다면

IB 홈페이지

IB 공식 홈페이지https://www.ibo.org에서 Professional development→Free learning에 들어가면 IB의 초등교육 프로그램(PYP)에 관한 다양한 내용을 볼 수 있다. 여기에는 PYP nano resources와 PYP Playlist가 있다. 영어로 되어있지만 다양한 온라인 학습 자료를 누구나 무료로 들을 수 있으니 IB 프로그램이 궁금한 학부모나 교사들은 한 번 둘러보기를 권한다.

IBEC

IBEC는 International Baccalaureate Educator Certificate의 줄임말로, IBO 인증 기관에서 진행하는 IB 교육자를 위한 자격증 프로그램이다. 학교에 따라 운영 방법이 다르니 모집 요강을 살펴보고 자신에게 맞는 곳을 선택하면 된다. IBEC에 참여하면서 동료 교사들과 협력해서 탐구 단원을 설계하고, 서울, 대구, 부산의 IB 학교를 탐방해서 수업을 참관할 수 있었다.

IB의 탐구 수업

IB 학교의 수업

IB 학교는 IB 프로그램을 총괄하는 The IB에서 말하는 관심 학교-후보학교의 과정을 거쳐서 최종 IB 학교로 인증을 받은 월드스쿨을 뜻한다. 학교 수업은 물론이고 학습 공동체가 협력적으로 프로그램을 만들고 운영하는지, 그런 환경을 구성하고 있는지, 교사의 수업과 학생의 학습이 IB가 정한 프로그램 기준 및 운영 방침을 충족하는지 등 여러 부분에서 심사를 거친다.

IB 학교로 인증을 받은 곳에서 이루어지는 수업을 IB 수업이라고 할 수 있는데 학교의 여건, 학생의 상황이 다르기 때문에 IB 인증을 받은 학교라고 하더라도 수업 모습은 다를 수 있다. 그래서 일반학교 교사가 "IB 수업이 뭔가요?", "제가 지금 하고 있는 게 IB 수업이 맞나요?"라고 물어도 'IB 학교의 수업은 ○○○이다'라고 명확히 정의 내리기 어렵다. 보통 IB 학교의 탐구 수업은 1~2개월에 걸쳐 이루어지기 때문에 몇 번 참관한 것으로 온전히 이해할 수 없다. 다만 IB 수업의 차이점이나 특징, 궁금한 점 등을 찾아낼 수 있다.

IB 학교의 수업을 참관했을 때 인상적이었던 부분은 학생들의 주도적인 탐구 과정이었다. 학생들이 탐구 단계에 따라 생성하는 질문과 다양한 탐구 과정, 탐구 결과물을 교실이나 복도에서 자연스럽게 볼 수 있었다. 또 하나는 앞에서도 말했듯이 학생들이 읽고, 말하고, 쓰는 기초적인 활동의 비율이 높다는 것과 이를 뒷받침하는 자료와 책이 굉장히 잘 준비되어 있다는 점이었다.

국제학교에는 교실이나 복도에 언제, 어디서나 책을 골라 읽을 수 있는 공간이 마련되어 있었다. 아이들이 가장 오래 머무는 교실 안에는 마치 작은 도서관처럼 한쪽 공간에 편안하게 앉아서 책을 읽을 수 있는 소파와 러그, 책장들이 마련되어 있었다. 책꽂이에는 탐구 단원의 주제와 관련된 자료 이외에도 로알드 달, 데이비드 윌리엄스와 같은 작가의 스토리북이나 시리즈가 많았다. 유료로 이용할 수 있는 온라인 도서관 EPIC 프로그램이나 오디오북도 학교에서 별도로 구입해서 수업에 활용하고 있었다.

IB 학교에서 활용하고 있는 독서 프로그램과 탐구 자료 등은 온라인으로 확인할 수 있는 사이트가 많은데 그중 몇 가지만 소개하면 다음과 같다. 대부분이 영어로 된 사이트지만 참고할 만한 정보가 많이 담겨있다.

IB 학교에서 사용하는 독서와 탐구 관련 학습 사이트

학생 개인의 수준에 맞춘 온라인 독해 프로그램
(https://readtheory.org)

DEAR 독서 프로그램을 소개하고 있는 웹사이트
(https://www.beverlycleary.com/dear-day)

국제학교 사서 교사들의 매년 추천 도서 목록을 볼 수 있는 웹사이트(https://morningcalmmedal.wordpress.com/)

칸아카데미에서 만든 어린이 학습 프로그램
(https://learn.khanacademy.org/khan-academy-kids)

학생들이 탐구 자료를 검색할 때 사용하는 웹사이트
(https://www.kiddle.co)

과학, 수학, 사회, 예술 등 여러 영역을 공부할 수 있는 교육 프로그램 (https://www.brainpop.com/discover)

게임 형태의 영어 학습 사이트로 아이의 수준에 따라 시작할 수 있는 프로그램 (https://www.splashlearn.com)

IB 방식의 탐구 수업

일반 학교에서 IB 방식의 수업을 아이들과 하고 싶은데 어떻게 할 수 있을지 방향을 잡을 때 참고한 부분이 바로 IB의 교수 접근 방법 6가지였다. 그중 탐구에 기반한 수업이 첫 번째로 제시된 것을 보면 IB에서는 학생들의 탐구를 중요하게 생각한다는 사실을 알 수 있다. 현재 일반 학교에서도 이미 여러 교과에서 탐구 수업을 진행하고 있고, 탐구 수업의 종류도 다양하기에 해볼 수 있을 것 같았다.

IB 학교의 탐구 수업을 관찰하고 수업 자료를 보며 눈에 띈 것은 질문으로 탐구를 시작한다는 점과 다양한 자료나 경험을 통해 사실이나 지식을 귀납적으로 탐구하면서 일반화를 만든다는 점이었다. 그래서 세 가지 특징 '질문', '귀납적 탐구', '일반화'를 반영한 탐구 수업을 해보기로 했다.

탐구 수업 단계는 IB 학교에서 사용하는 탐구의 단계를 참고하여 '탐색하기-조사하기-정리하기(일반화)-실행하기-성찰하기'로 설정했다. 탐구 단계를 사용하는 이유는 사고의 방향성이나 체계화, 평가를 염두에 두기 위함이다. 물론 수업에 따라서 탐구 단계를 바꿀 수 있다.

탐구 수업에서 고민한 점은 바로 학생들에게 제공할 적절한 자료와 책이었다. 교과서만이 아닌 그림책이나 지식 책, 신문 기사 등 학생들의 탐구를 도울 수 있는 다양하고 유의미한 자료를 활용하고 싶었다. 왜냐하면 IB 학교를 탐방할 때 담임 교사와 도서관 사서 교사가 질 높은 온라인 자료와 책들을 준비하는 것이 무척 중요하다고 강조했고, 나 또한 크게 공감했기 때문이었다. 다양한 관점과 맥락의 자료들을 찾아보면서 아이들의 생각이 더 깊어지고, 탐구의 세계를 충분히 경험한다면 학교 밖에서도 스스로 해결해야 하는 문제에 맞닥뜨렸을 때 아이들에게 도움이 될 수 있을 거라고 생각했다.

학년	4학년
탐구 주제	공공 기관
탐구 단계	탐색하기-조사하기-정리하기-실행하기-성찰하기

탐구 주제는 4학년 사회 단원에 나오는 '공공 기관'으로 정하고, 소방서, 도서관, 경찰서처럼 아이들에게 친근한 곳으로 범위를 좁혔다. 그러고 나서 관련된 지식 책, 그림책, 신문 기사와 자료를 준비했다. 자료를 찾는 것부터 아이들이 하게 할 수도 있지만 탐구 주제와 관련해 어떤 자료를 쓸지는 중요하기 때문에 이번에는 교사가 준비했다. 물론 시간적 여유가 된다면 자료를 찾는 과정부터 아이들과 함께해 보는 것을 권한다.

Step1 탐색하기

첫 단계는 '탐색하기'다. 배우고자 하는 것을 탐색하면서 학생들의 관심을 불러일으키거나 기존에 가지고 있던 지식과 경험에서 궁금한 것을 끌어낸다. 아이들이 호기심을 갖는 것에서 나온 질문을 탐구의 시작으로 보기 때문이다. 자신이 궁금한 것에 대한 질문에서 시작한 탐구가 더 유의미하고 깊이 있게 이루어진다는 것은 교사 생활의 경험으로도 알고 있었다.

IB 학교 수업을 참관했을 때 코로나19가 발생한 당시 보건소의 사진을 제시하면서 'SEE-THINK-WONDER' 활동을 하는 것을 본 적이 있다. 학생들은 사진에서 본 것과 생각한 것, 궁금한 점을 적었다. 'WONDER' 단계에서 학생들이 만든 질문 중 몇 가지를 교사는 수업의 주제와 연결했다.

우리 반 아이들은 '공공 기관'을 떠올렸을 때 어떤 게 궁금할까? 질문을 만들라고 하자 대부분이 머뭇거렸다. 질문을 만드는 일에 익숙지 않아서인지, 공공 기관의 어떤 점을 질문으로 만들어야 하는지 몰라서인지 이유는 알 수 없었다. 먼저 아이들이 생각하는 공공 기관의 개념을 묻고 종류를 알아보았다.

"공공 기관이 뭘까?"

"돈 안 내는 곳?"

자신들의 경험도 자연스럽게 말하더니 질문이 하나씩 나오기 시작했다. 뜻을 어려워하는 아이에게는 교과서에 잘 정리된 '공공 기관' 내용을 읽거나 사진을 보면서 단어 하나라도 말하게 했다. 질문을 쓸 때는 그게 왜 궁금한지 생각을 쓰게 하고 모아두었다. 학교가 가장 가까운 공공 기관이라고 느끼는지 학교에 대한 질문이 많았다.

"왜 학교에서 하라고 하는 것만 해야 할까? 그러면 아이들이 즐거워하지 않는데."

"왜 학교 밖에서도 미디어나 만화책을 보지 못하게 할까? 학교 밖 활동까지 상관할 이유가 있을까?"

"왜 학교에서는 급식량을 적게 줄까? 배가 고픈 아이들도 있는데."

"왜 학교 근처에 고깃집이 생겨도 민원을 안 넣을까? 연기와 냄새가 나는데."

급식량이 적어 불만인 아이도 있고, 학교 근처에 새로 생긴 고깃집에서 나는 냄새나 연기 때문에 고민하는 아이도 있었다. 또 고학년 아이들은 학교의 규칙을 지켜야 하는 것에 의문을 갖고 있었다.

Step2 조사하기

다음 단계는 '조사하기'다. IB 학교의 수업 사례를 공유하는 강의를 들은 적이 있는데 발표하는 선생님께서 '다양한 사례를 조사하고 공부한 것을 바탕으로 만든 일반화가 더 정확하고 타당한 경우가 많다'며 조사하기를 강조했다. 조사하기는 그만큼 중요하기 때문에 '조사하는 방법' 자체를 배우는 일에도 꽤 공을 들인다.

탐구 주제에 대해 본격적으로 자료를 조사할 때는 개별 혹은 모둠별로 다양한 방법으로 이루어진다. 예를 들어, '자연재해'가 탐구 주제라고 하자. 뉴스, 보고서, 실험, 동영상, 영화, VR 가상 체험, 책을 활용해서 조사하고, 때로는 현장 체험 학습과 연계하여 직접 가기도 한다. 초등학교 시기에는 직접 사람을 만나고 자료를 수집하는 것도 권장한다. 제주의 한 IB 학교에서는 제주 문화유산의 하나로 '제주어' 관련 자료를 조사한 적이 있는데 이때 학생들이 제주에 오래 살고 계신 분을 만나 인터뷰를 하도록 했다.

공공 기관과 관련해서는 이미지나 영상보다는 텍스트를 중심으로 한 자료를 준비했다. 교과서에는 내용이 간단하게 나와 있어서 소방서, 도서관, 경찰서에 관해 자료를 추가로 준비했다.

지식 책인 《출동 119! 우리가 간다》(김종민 지음)는 일부만 발췌해서 주었고, 그림책 《도서관에서 만나요》(가제키 가즈히토 지음)는 절판이라서 지역 도서관에서 빌려 아이들에게 읽어주었다. 스쿨존에서 교통사고가 난 내용을 다룬 신문 기사는 출력하거나 학급 플랫폼에 올려서 공유했다. 보도 자료를 찾을 때는 최대한 어린이의 시각이 담겨있는 것을 찾으려고 애썼다.

수업 시간은 한정되어 있는데 자료의 양이 많으면 읽을 시간이 부족하거나 학생 인원만큼 준비하기 어려울 수 있다. 여러 상황을 고려하여 자료를 준비하고 미리 자료의 양이나 수준이 학생들에게 적절한지 파악하는 게 좋다. 이번 수업에서는 조사할 탐구 자료를 미리 제공하였다. 아이들이 다양한 자료를 찾는 것보다 제시된 자료의 내용을 정확하게 파악하는 것에 초점을 두었기 때문이다.

다음은 아이들이 각자 탐구 자료를 읽으면서 궁금한 점을 찾아 자기 생각이 담긴 질문을 쓸 차례이다. 아이들은 질문 만드는 것을 어려워했고, 아이마다 자료를 읽는 속도나 이해하는 정도가 달랐다. 교사는 상황을 계속 관찰하면서 생각을 깨울 수 있는 질문을 던져야 한다. 아이들은 질문에 대답하면서 '내가 이런 생각을 하는구나'를 발견하기도 하고, 대화를 발판 삼아 생각을 더 전개해 나간다.

스쿨존에서 난 사고 기사를 읽고 나서 어떤 것을 써야 할지 모르겠다는 아이들과 대화를 나누었다.

"이 상황에서 경찰관이 하는 일이 뭐야?"

"잘못한 것을 조사하는 일이요."

"머릿속에 그림을 그려봐. 학교 앞에 횡단 보도가 있어. 네가 걸어가는 데 차가 쌩 지나가면서 부딪혀서 네가 다쳤어. 그때 경찰관이 뭘 해주면 좋겠어? 가장 먼저 뭘 해야 할까?"

"빨리 병원으로 이송해 줬으면 좋겠어요. 제가 우선이니까요."

"경찰관은 조사하는 사람인데 너는 병원으로 빨리 보내주기를 원하는 거네. 그런데 왜 경찰은 조사를 먼저 할까?"

"그때만 조사할 수 있으니까요."

"맞아. 차가 바뀌면 안 되잖아. 그러면 어떻게 해야 해? 경찰관이 1명인 경우 말이야. 구급차는 불러야 하고."

"다른 사람한테 구급차를 불러달라고 해요."

"구급차를 빨리 불러주고 조사하는 거예요."

수업 중 대화가 이어졌고 아이들은 자료를 읽으면서 만든 질문이나 생각을 정리했다.

공공 기관	학생들이 쓴 질문 또는 생각
소방서	소방관들은 나무에 올라간 고양이만 보면 왜 구출해 주려고 할까? 고양이가 올라가고 싶어서 올라갔을 수도 있는데. 고양이한테 그물망을 씌우면 놀랄 텐데 왜 씌우는 걸까? 다른 방법을 쓸 수도 있는데.
도서관	왜 책 속 도서관에는 그림책만 있을까? 도서관에는 두꺼운 책도 있는데. 왜 도서관에서는 먹고 싶은 것을 먹지 못하도록 하는 걸까? 도서관은 공공장소니까 자유롭게 할 수 있어야 하는데.
경찰서	내가 다쳤을 때 경찰이 구급대원을 빠르게 불러주었으면 좋겠다. 내가 다쳤다면 경찰은 나를 병원으로 이송해 주었으면 좋겠다. 나와 상관있는 일이 우선이기 때문이다.

사실 '공공'이라는 개념을 학생들이 이해하기 쉽지 않다. 그럴 때 그들의 눈높이에서 생각할 수 있는 자료를 제시해서 생각을 끌어낼 수 있도록 도와준다. 아이들이 쓴 질문을 보니 학교 앞에서 사고가 나면 경찰서에서 나를 먼저 도와주었으면 좋겠다고 생각한다는 걸 알 수 있었다.

또 도서관에서 빌리는 책의 권수나 음식을 못 먹게 하는 것에 대한 의견을 읽으면서 아이들의 입장이라면 그럴 수 있겠다는 생각이 들었다. 고양이를 구하는 소방관에 대해서는 구조를 당연하다고 생각하지 않고 꼭 구해야 하는지 질문을 던진 것도 신기했다.

Step3 **정리하기(일반화)**

이제는 조사한 내용을 정리할 시간이다. 단순히 내용을 요약하는 것에서 나아가 개념적으로 생각을 정리하는 것을 뜻한다. 학생들은 교사가 제시한 형식을 사용하거나 자신에게 맞는 틀을 선택하기도 한다.

이번 수업에서는 귀납적 탐구를 통한 일반화에 초점을 두었기 때문에 각 사례를 일반화된 하나의 문장으로 표현하게 했다.

5학년 학생이 쓴 문장을 보자.

공공 기관은 질서를 만들기 위해서 과하게 규제하는 것들이 있지만 내가 조금 더 원하는 것을 할 수 있으면 좋겠다.

아이가 만든 일반화를 공유하고 이야기를 나누는 시간을 가졌다. IB 학교에서도 학생들 간의 협력과 상호 작용을 강조하기에 끊임없이 학생들이 자신이 배운 것을 다른 친구들과 공유하는 것을 권장한다. 아이들과 교사가 일반화 문장에 대해 나눈 이야기를 살펴보자.

"공공 기관을 이용하는 사람들, 즉 이용자들이 원하는 대로 하면 좋겠다고 했는데 공공 기관을 이용하는 사람들이 원하는 것일까 아니면 공공 기관에서 일하는 직원들이 바라는 것일까?"

"이용하는 다른 사람들이 불편하니까요. 똑같은 책을 여러 권 놓으면 더 많은 사람이 빌릴 수 있고, 도서관에 편하게 있을 수 있는 공간을 따로 만들면 음식을 먹을 수도 있을 것 같아요."

"도서관에 책 대여 권수를 제한하는 이유는 여러 가지가 있겠지. 나라에서 도서관이나 문화 시설에 얼마나 투자하느냐에 따라 도서관에 비치하는 책의 권수도 달라질 거야."

이처럼 대화를 통해 생각을 교환하고 스스로 다듬는 과정을 거친다면 일반화는 더 정교해질 것이다.

Step4 실행하기

일반화가 형성되면 다음 단계는 그것을 다른 사례에 실행하거나 적용하면서 전이가 가능한지 알아볼 차례이다. 어떤 곳에서는 '전이하기', '행동하기'와 비슷한 의미로 쓰이기도 한다. 경험하지 못해서인지, 많은 정보를 기억하고 결과를 요약하는 수업 방식에 익숙하기 때문인지 아이들은 처음에 '실행하기' 단계를 이해하는 것이 어려웠다.

미래에는 인공 지능이 만들어내는 정보의 양이나 처리 능력을 인간이 따라가기 어려울 것이다. 그래서 개념 기반 교육과정에서는 학생들이 단순한 사실 수준에서 벗어나 새로운 상황에서 전이 가능한 개념적 이해를 얻을 수 있는 수업을 지향한다. 이전 단계까지 아이들이 개념을 잘 형성했다면 새로운 사건 및 상황에도 적용하여 실행할 수 있을 거라고 보는 것이다.

아이들에게 자신이 만든 일반화를 바탕으로 실행하기 단계에서 소방서, 경찰서, 도서관에 무엇을 요구하거나 자신이 할 수 있는 것이 무엇인지 쓰게 했다. 아이들이 자료를 조사하면서 만든 각각의 생각에서 공통점을 찾아 일반화로 어떻게 만들었는지, 또 그 일반화를 책 속 상황에서 다시 실행하기로 어떻게 연결했는지 살펴보자.

<table>
<tr><th></th><th>조사하기</th><th>정리하기(일반화)</th><th>실행하기</th></tr>
<tr><td>소방서</td><td>고양이가 나무에 올라갔다가 혼자 내려올 수도 있고, 내려가면 위험해서 올라간 것일 수도 있는데 소방관은 왜 고양이의 의견을 물어보지도 않고 구조할까?</td><td rowspan="3">공공 기관은 질서를 만들기 위해서 과하게 규제하는 것들이 있지만 내가 조금 더 원하는 것을 할 수 있으면 좋겠다.</td><td>소방관이 누군가를 구조할 때 조금 더 구조받는 사람의 마음에 들게 하면 좋겠다.</td></tr>
<tr><td>도서관</td><td>왜 도서관에서는 빌릴 수 있는 책의 권수를 제한해 놓은 걸까? 책을 빌리고 나서 반납만 잘하면 문제가 없지 않을까?</td><td>사람들이 도서관에서 좀 더 자유롭게 있을 수 있으면 좋겠다.</td></tr>
<tr><td>경찰서</td><td>내가 다쳤을 때 경찰관은 빨리 나를 병원으로 이송해 주면 좋을 것 같다.</td><td>경찰관 도움을 요청하지 않는 한 과도하게 도움을 주지 않아도 될 것 같다.</td></tr>
</table>

Step5 성찰하기

'성찰'은 자신의 탐구 과정을 돌아보는 과정이다. 탐구의 마지막 단계에서만 일어나는 것이 아니라 탐구 단계마다 수시로 일어난다.

IB 학교에서는 다양한 방법으로 학생들의 성찰을 진행하고 있었다. 보통 자신의 학습 과정을 그림이나 글로 표현하는 학습 일지를 쓰거나 체크리스트를 사용한다. 때로는 수업 마지막에 교사가 성찰적인 질문을 던지거나 성찰 에베레스트를 활용해서 학생들이 스스로 학습을 돌아보고 모니터링할 기회를 주기도 한다.

이번 수업에서는 공공 기관에 대해 새롭게 알게 된 점과 궁금한 점을 쓰고, 다시 질문을 만들게 했다. 그 이유는 자신의 답으로 결론짓지 않고 더 나아가게 하기 위해서였다. 아이의 입장에서는 또 다른 탐구가 시작되는 것이다.

다음은 5학년 학생이 공공 기관을 주제로 탐구하면서 만든 탐구 질문에 대해 자기만의 일반화를 만든 다음 일반화에 다시 의문을 가지고 만든 질문이다.

학생이 만든 일반화	공공 기관에서는 모든 사람(다수)의 의견을 모두 존중하기 위해서 규제가 많이 생기는 것 같다.
질문	왜 공공 기관에서는 소수의 의견도 들어주어야 하는데 다수의 의견을 위주로 존중할까?

이번 수업에서 '탐구에 기반'하여 수업을 설계하고, '개념적 이해'를 추구하기 위해 귀납적인 탐구 과정을 거쳐 아이들이 자신만의 '일반화'를 만들도록 했다. 구체적인 사례에서 일반화를 찾고, 다시 일반화를 구체적인 상황에서 적용해 보는 과정이 바로 '시너지적 사고'라고 생각한다.

아이들이 쓴 글을 보면서 자료를 어떻게 해석하고 일반화를 가져오는지 개인의 탐구 과정을 볼 수 있어서 좋았다. 수업 때 이런 식의 사고가 자주 일어난다면 아이들의 사고는 높아지고 유연해지지 않을까? 또 '사고의 협력'을 위해 질문을 서로 나누고 답을 쓰고 대화하는 과정을 넣었다. 처음에는 막연하게 느끼던 아이들이 친구들의 질문을 보고 서로 답하면서 감을 잡아가는 것이 보였다. 함께 공부하는 것이 얼마나 중요한지 깨닫고, 자기 생각을 확장할 수 있는 시간이었다.

수업하다 보면 결과물보다는 사이 사이의 과정이 더 소중하다고 느껴질 때가 많다. 아이들의 생각은 어딘가에서 갑자기 튀어나오는 것이 아니라 그것을 뒷받침하는 수업의 분위기, 탐구 자료, 함께하는 친구들, 교사와의 관계 등 다양한 요소의 영향을 받는다.

한편 교사 입장에서는 탐구 수업에서 자료의 중요성을 다시금 확인했다. 교과서 외에 다른 자료를 제시했기에 새로운 관점이 나오지 않았나 싶다. 다만 자료를 많이 주면 아이들이 혼란스러워하기 때문에 가장 특징적인 것 하나를 제시하는 게 더 낫다는 생각도 들었다. 마지막으로 아이들이 실제로 공공 기관을 탐방하면서 직접 수집

한 자료가 있었으면 하는 아쉬움도 남았다.

좌충우돌 진행된 탐구 수업을 마치고 나니 IB 학교가 아닌 곳에서도 IB 방식의 탐구 수업을 하는 것이 가능하다는 걸 느꼈다. 각자 놓인 상황이 다를 테니 IB 방식의 탐구 수업이 이루어질 경우 교실마다 다채로운 색깔로 나타날 것이라 믿는다. 탐구 수업에는 정답보다는 지향점이 있다고 본다. 아이들이 자신의 질문을 갖고 주도적으로 생각하며, 탐구의 주인이 되기를 바란다.

IB 학습자상 탐구

'공공 기관'을 주제로 한 IB 방식의 탐구 수업은 학생들이 귀납적 탐구를 통해 전이 가능한 '일반화'를 만들어가는 과정이었다. 그 다음의 수업을 고민하던 중 IB의 핵심 요소 중 하나인 IB 학습자상이 떠올랐다. IB 학교에서는 교육과정에서도 IB 학습자상을 강조하고 탐구 단원 개요에도 포함한다. 교사는 1년 동안 학생들이 10가지 IB 학습자상을 고루 배울 수 있도록 수업에 반영하며 "이번 수업을 통해 우리는 ○○○ 학습자상을 기를 수 있어"라고 말한다.

가르치는 과목의 성격에 따라 학습자상의 모습을 제시하는 방법도 제각각이다. 왜냐하면 과학 시간에서 요구하는 '탐구하는 사람'의 특성과 체육 시간에서 나타나는 모습이 다르기 때문이다. 한 국제학교의 교사로부터 IB 학습자상을 어떻게 드라마 수업에 녹여내는지 들을 수 있는 기회가 있었다.

드라마를 배우는 수업에서 사고하는 사람은 어떤 모습을 가진 사람인지 학생들과 이야기를 나눈 다음 학생들이 말한 내용을 모두 정리해서 교실 벽면에 붙여두고, IB 학습자상을 같이 탐구하는 데 사용했다고 말했다. 그리고 다른 IB 학교의 도서관 수업에서도 문학 작품 속에서 발견할 수 있는 학습자상을 활용해 수업하는 모습을 자주 보았다. 이처럼 IB 학습자상은 문서에서만이 아니라 학교의 교육과정과 실제 수업 곳곳에서 발견할 수 있었다.

IBEC 과정을 시작한 지 얼마 되지 않았을 때 'IB 학습자상을 학부모에게 설명하는 프레젠테이션 제작' 과제가 있었다. 과제에 대한 안내문을 읽으면서 IBEC에서 평가 과제로 제시할 만큼 학습자상을 무척 중요하게 생각한다는 느낌을 받았다. 막상 10가지 학습자상을 학부모에게 설명하라고 하니 처음에는 막막했다. 하지만 내가 학부모라면 어떤 내용을 듣고 싶을까 고민하며 과제를 준비했다.

IB 학습자상 포스터를 만들어 소개하고, 퀴즈를 통해 학습자상을 이해하며, 왜 중요한지 설명하는 자료를 만들었다. 어렵긴 했지만 교사로서 학습자상에 대해 깊이 이해할 수 있었던 시간이었다. 또 교사 대상 여름 워크숍에서도 모둠별로 모여서 학습자상 자체에 대한 교육을 학생들에게 어떻게 적용할 수 있을지 토의하는 시간이 있었다.

다음은 IB 학습자상에 대한 세부 설명이다.

IB 학습자상

학습자상	세부 설명
탐구하는 사람 (Inquirers)	우리는 호기심을 키워 탐구하고 연구하는 능력을 향상합니다. 우리는 독립적으로 또 다른 사람과 함께 배우는 법을 압니다. 우리는 열정을 가지고 배움에 임하며, 학습에 대한 열의를 평생 잃지 않습니다.
지식이 풍부한 사람 (Knowledgeable)	우리는 개념적 이해를 통한 성장을 지향하며, 다양한 학문의 지식을 탐구합니다. 우리는 지역적이고 세계적으로 중요한 사안들과 의견에 관심을 기울입니다.
사고하는 사람 (Thinkers)	우리는 비판적이고 창의적인 사고력으로 복잡한 문제를 분석하며 책임 있게 행동합니다. 우리는 합리적이고 윤리적인 의사 결정을 주도합니다.
소통하는 사람 (Communicators)	우리는 하나 이상의 언어와 다양한 방법으로 창의적이고 자신 있게 우리 자신을 표현합니다. 우리는 다른 개인과 집단의 의견을 경청하며 효과적으로 협력합니다.
원칙을 지키는 사람 (Principled)	우리는 공정성과 정의감을 바탕으로 인간의 존엄성 및 권리를 존중하며 성실하고 정직하게 행동합니다. 우리는 우리 자신의 행동과 그 결과에 따른 책임을 집니다.
열린 마음을 지닌 사람 (Open-minded)	우리는 비판적인 사고를 통해 우리 고유의 문화와 역사를 바라보고 타인의 가치관과 전통을 수용합니다. 우리는 다양한 관점을 추구하고 평가하며 경험을 통해 성장합니다.
배려하는 사람 (Caring)	우리는 서로 공감하고 격려하며 존중합니다. 우리는 봉사 정신을 갖고 타인의 삶과 지역 사회에 긍정적인 변화를 도모합니다.

학습자상	세부 설명
도전하는 사람 (Risk-Takers)	우리는 철저하게 계획하고 의사 결정을 내려 불확실성에 도전하며 독립적으로 또 협력을 통해 새로운 아이디어와 혁신적인 전략을 모색합니다. 우리는 도전과 변화에 맞서 굴복하지 않고 슬기롭게 대처해 나갑니다.
균형 잡힌 사람 (Balanced)	우리는 자신과 타인의 행복을 위해 삶의 지적, 신체적, 정서적 균형을 이루는 것이 중요하다는 것을 알고 있습니다. 우리는 타인뿐만 아니라 우리가 살아가는 세상과도 상호 의존함을 인지하고 있습니다.
성찰하는 사람 (Reflective)	우리는 세상과 자기 생각 및 경험에 대해 깊이 생각합니다. 우리는 개인의 학습과 성장에 도움이 되도록 우리 자신의 강점과 약점을 이해하려고 노력합니다.

출처: IBO, 2020, 〈IB 교육이란 무엇인가?〉

IB 학습자상에서 제시하는 자질은 비단 IB 학교의 학생에게만 국한된 것이 아니라 어느 학교의 학생에게도 필요한 역량이다. 그렇다면 일반 학교 아이들과 IB 학습자상을 수업하는 것도 가능하지 않을까? 어떻게 할 수 있을까?

학생들을 '탐구하는 사람'으로 기르고자 할 때 우선 탐구하는 사람이 어떤 사람인지 알아야 한다. IB 학습자상에서 말하는 사고하는 사람, 탐구하는 사람 등도 하나의 개념이다. 실제 인물이나 책 속 주인공의 말이나 행동에서 탐구하는 사람이라고 생각되는 공통점을 찾아 하나로 묶고 정의한 것이다.

여러 인물이 등장하는 그림책이나 동화책은 등장인물의 성격이나 자질을 탐색할 수 있다는 점에서 IB 학습자상 탐구와 관련하여 의미 있는 수업 자료가 될 수 있다. 사실 학습자상 뜻 자체만 보면 정확히 어떤 사람인지 헷갈려서 주변 사람이나 동화 속 인물의 이야기를 가져오면 아이들이 훨씬 더 구체적으로 이해할 수 있을 거라고 생각했다. 책을 통해 IB 학습자상을 하나하나 탐구해 가는 과정에서 학습자상에 대한 자신만의 개념을 형성할 수 있을 것이다. 그런 바람과 함께 '책으로 탐구하는 IB 학습자상' 수업을 계획했다.

초등학교 2학년부터 6학년 아이들을 대상으로 한 '책으로 탐구하는 IB 학습자상 수업'은 스키마언어교육연구소와 공동으로 기획하고 실행했다. IB의 초등교육 프로그램과 중등교육 프로그램이 연계되는 것처럼 중학교에서도 이런 수업이 가능할지 알아보기 위해 일부 수업에는 중학교 1, 2학년 학생들이 참여했다.

10가지의 학습자상을 모두 하기에 시간상의 어려움이 있고, 하나의 인물에도 다양한 속성이 있을 수 있어 다음과 같이 학습자상을 묶어서 진행했다.

- ☑ 탐구하는 사람·지식이 풍부한 사람·사고하는 사람
- ☑ 소통하는 사람·열린 마음을 지닌 사람·배려하는 사람
- ☑ 원칙을 지키는 사람·균형 잡힌 사람
- ☑ 도전하는 사람·성찰하는 사람

여기서는 학습자상에서 공통점을 찾아 묶었지만 동화나 교과서

에서 어떤 내용을 염두에 두느냐에 따라 다르게 묶을 수 있다. 수업의 단계는 개념 기반 탐구 단계를 참고했고, 앞에서는 '실행하기'였던 단계의 이름을 '전이하기'로 바꾸었다.

수업을 시작할 때 중요하게 생각한 점은 세 가지였다. 첫째, 탐구 자료로 IB 학습자상에 맞는 책을 선정하는 것, 둘째, 학생들이 질문으로 탐구를 이끌도록 수업의 과정을 설계하고 일반화해 보는 과정을 경험하도록 돕는 것, 셋째, 탐구 과정 동안 친구들과 계속 의견을 나누며 상호 작용할 수 있는 기회를 제공하는 것이다.

2부에서 다룰 내용은 학생들뿐만 아니라 교사로서 처음 시도한 수업에 대한 탐구 기록이기도 하다.

2 부

책으로 탐구하는 IB 학습자상 수업

INTERNATIONAL BACCALAUREATE

IB 학습자상 탐구 수업 ①

탐구하는 사람
지식이 풍부한 사람
사고하는 사람

IB에서 말하는 학습자상을 이해하기 위해서는 학습자상의 특성을 지닌 사람을 만나 함께 탐구하는 경험을 갖는 것이 가장 좋다. 하지만 현실적으로 이런 사람을 직접 만나기는 어렵다. 그래서 아이들과 함께 책을 통해 IB 학습자상을 탐구하기로 하고, '탐구하는 사람 · 지식이 풍부한 사람 · 사고하는 사람'의 특성을 지닌 등장인물이 나오는 4권의 책을 선정했다.

'탐구하는 사람'은 호기심이 많고 열정을 가지며 배우는 모습이 나타나는 책, '지식이 풍부한 사람'은 중요한 문제에 관심을 갖고 다양한 학문의 지식을 탐구하는 특성을 가진 인물이 나오는 책, '사고하는 사람'은 비판적이고 창의적으로 생각하며 이를 행동으로 옮기는 모습이 담긴 책을 찾고자 했다.

탐구 수업에 활용할 책 선정하기

《장난감 형》 윌리엄 스타이그 글, 그림

연금술사인 아빠의 실험실에 들어가 약을 잘못 먹고 장난감처럼 몸이 작아진 호기심 많은 형 요릭과 동생 찰스의 이야기이다. 동생은 형을 원래대로 되돌리기 위해 여러 방법을 궁리하고 시도하며, 아빠는 치료 약을 개발하는 데 몰두한다.

《애벌레가 애벌레를 먹어요》 이상권 글, 윤정주 그림

고재네 반에는 승준이라는 친구가 있다. 벌레를 무척 좋아해서 벌레 그림을 그리고, 특히 애벌레에 관해서는 모르는 게 없을 정도이다. 승준이는 애벌레를 좋아해서 직접 기르면서 관찰하고 열정적으로 탐구하며 알게 된 것을 친구와 나누려고 한다.

《프린들 주세요》 앤드루 클레먼츠 글, 양혜원 그림

기발한 아이디어를 가진 창의적인 소년 닉이 학교에서 '펜'이란 말 대신 '프린들Frindle'이라는 말을 쓰면서 그레인저 선생님과의 '언어 전쟁'이 시작된다. 닉은 언어가 어떻게 생겨나고 변화하는지 현실에서 경험을 통해 배우고 언어의 의미를 깊이 생각한다.

2024년도 4학년 국어 교과서에 실린 〈정약용〉 이야기

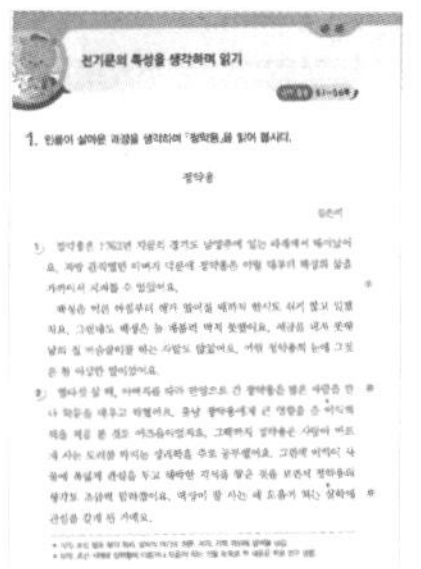
전기문의 특성을 생각하며 읽기

1. 인물이 살아온 과정을 생각하며 「정약용」을 읽어 봅시다.

정약용

[illegible]

정약용 전기의 일부로, 정약용이 학문을 배우고 익힌 과정, 《목민심서》를 펴낸 일, 특히 수원 화성을 짓기 위한 기계를 만들기 위해 관련된 지식을 익히고 탐구해서 거중기를 고안하고 실제로 만들어낸 과정이 담겨있다.

IB 학교에서는 하나의 개념을 이해하기 위해 다양한 자료를 활용한다. 학생들과 탐구하고자 하는 개념이 '탐구하는 사람'이라면 교사는 그것을 발견할 수 있는 자료를 준비해야 한다. 학생들은 주어진 자료 혹은 자신이 추가로 찾은 자료들을 주도적으로 탐구해 나가고 질문을 만들면서 개념을 이해하고 형성한다.

책을 통해 학습자상 수업을 준비할 때 책 선정이 중요한 이유도 여기에 있다. 탐구하는 사람 · 지식이 풍부한 사람 · 사고하는 사람이 등장하는 동화 중 주변 인물보다는 주인공에게서 학습자상의 특성이 드러나는 책을 선택하는 것이 좋다. 그래야 학생들이 학습자상에 초점을 맞추기 쉽기 때문이다. 하지만 학교 업무도 많고, 여러 책을 다 읽어볼 수 없기에 책을 선정할 때 같은 학년 선생님과 의견을 자주 주고받으면 좋다. 수업과 관련된 책 이야기를 나눌 동료는 큰 힘이 된다.

수업에서 쓸 책을 정하면 어떻게 책을 읽힐지 계획을 세우고 안내한다. 학생들은 각자 그림책 1권과 동화책 2권, 교과서를 미리 읽어야 한다. 한 달 정도 여유를 두고 필요한 책을 알림장에 써주고, 책을 학교나 지역 도서관을 통해 준비할 수 있게 해서 읽을 시간을 준다. 교사는 미리 학기 초에 도서관에 복본을 신청해서 학급 이름으로 빌리거나 학급 운영비로 몇 권을 더 준비해서 책을 구하지 못한 아이들에게 빌려줄 수 있다. 또 여러 명이 모여 함께 책을 읽는 시간을 마련해서 같이 읽어도 좋다.

책을 집중해서 읽고, 정확하게 이해하는 것이 중요하기에 반복해서 읽을 기회를 주고, 읽고 나서 줄거리를 발표하거나 자기 생각을 꺼내게 한다. 책을 읽기 어려운 친구들을 위해서는 책 1권을 녹음해서 오디오 파일로 만든 후 수업용으로 활용할 수도 있다. 만약 학생들의 상황이 여러 권을 한 번에 준비해서 읽기 어렵다면 구할 수 있는 책 1권을 정해서 교실에 맞게 변형해서 시도해 볼 수 있다.

탐구 수업 기획하고 활동지 만들기

IB 학교에서는 학교마다 사용하는 탐구 단계가 있다. 캐스 머독의 탐구 단계, 마샬과 프렌치의 탐구 단계를 사용하거나 학교 자체 탐구 단계를 만들기도 한다. 기본적으로 탐구 단계에는 자료를 탐색하며 탐구할 주제를 정하고, 탐구를 실행하고, 성찰하기가 포함된다.

이번 수업에서는 여러 탐구 단계를 참고하여 '책으로 탐구하는 IB 학습자상 수업'에 맞는 독자적인 탐구 단계를 마련했다. 수업이 진행됨에 따라 단계는 조금씩 수정 및 보완된다.

- '탐구하는 사람'에 관한 4권의 책을 읽는다.
- 책 속에서 개념과 관련한 탐구 질문을 정한다.
- 탐구 질문에 대한 답을 친구들과 나눈다.
- 탐구 질문에 대한 자신의 답을 구체화·일반화 과정을 통해 정리한다.
- 다른 책과 일상생활에도 전이 가능한지 적용해 보고 성찰한다.

위의 탐구 과정을 2장의 활동지로 만들었다. 4권의 책을 읽고, 중요 장면을 요약하고, 개념을 2~3개 찾아 적은 다음 공통의 탐구 질문을 만든다. 이 과정을 먼저 하는 이유는 사실적인 내용을 이해한 상태에서 개념을 찾아야 하기 때문이다. 간단해 보이지만 막상 활동지의 빈칸을 채우기는 쉽지 않다.

아이가 버거워할 때는 책의 권수를 줄여도 된다. 아이들이 만든 탐구 질문이 학습자상을 설명하는 개념(탐구·호기심, 지식·이해, 사고·비판)에서 너무 벗어나면 개념을 넣어 다시 쓰게 한다. 활동지는 아이들의 수준이나 분위기, 교실의 상황에 따라 단계의 순서를 바꾸거나 내용을 줄이는 등 변형이 가능하며, 꼭 다 채우려고 하지 않아도 된다.

또 학생들은 활동지를 받았을 때 어디에, 무엇을 써야 하는지 교사에게 질문을 많이 한다. 처음부터 자세히 설명해 주기보다 스스로 생각하게 한다. 활동지 아래에 번호가 의미하는 것과 무엇을 써야 하는지 적어두었다. 수업을 해보면 혼자 읽고 생각하면서 쓰는 아이가 있고, 설명을 읽지도 않고 "어떻게 하는 거예요?"라고 습관처럼 묻는 아이도 많다. 일단은 먼저 고민해 보라고 하고 다시 물어보면 약간의 힌트를 준다. 조금이라도 아이들을 더 궁리하게 하려는 마음이다.

〈탐구하는 사람·지식이 풍부한 사람·사고하는 사람〉 수업 활동지

이름:

수업 책		1) 2) 3) 4)
1)	중요 장면 설명 또는 요약	
	개념 찾기	①
2)	중요 장면 설명 또는 요약	
	개념 찾기	②
3)	중요 장면 설명 또는 요약	
	개념 찾기	③
4)	중요 장면 설명 또는 요약	
	개념 찾기	④
탐구 질문		⑤ ( )
		⑥ ( )

1. 1) 2) 3) 4)는 수업에서 읽은 책 제목을 쓴다.
2. ①~④ 개념 찾기는 1권 당 2~3개 정도 찾도록 한다.
3. ⑤는 ①~④를 포괄하는 공통 개념 또는 책 2~3권에 나온 개념 1개를 활용해서 만든다. ( ) 안에는 ①~④의 개념 중 무엇을 활용했는지 번호를 적는다.
4. ⑥은 IB 학습자상과 관련한 개념(탐구·호기심, 지식·이해, 사고·비판) 중 하나를 ( )에 쓰고 , 그 개념이 포함되도록 ⑤를 고쳐 쓴다.

앞 질문(⑥)에 개별 답변	⑪ (　　　)·나)
	⑫ (　　　)·친구:　　　)
	⑬ (　　　)·나)
	⑭ (　　　)·친구:　　　)
	⑮ (　　　)·나)
	⑯ (　　　)·친구:　　　)
종합 답변	⑰ (나)
전이하기 (다른 책이나 일상생활)	⑱ (책 제목)
	⑲ (비슷한 경험과 반성)
성찰하기	⑳

5. ⑪~⑯의 (　　)에는 앞 장의 탐구 질문 ⑥에 대해 책 1권을 정해 번호를 적고 답변을 쓴다.
6. ⑫, ⑭, ⑯ 친구:　　)에는 답을 하는 친구의 이름을 쓴다.

탐구 수업 시작하기

Step1 중요 장면을 요약하고 개념 찾기

아이들은 탐구 자료인 4권의 책을 읽고 나서 책마다 기억에 남는 장면이나 중요 장면을 설명하거나 요약한다. 아이들이 책 전체를 기억하는 것은 어렵기에 중요 장면을 떠올리게 한다. 그다음 자신이 고른 장면에서 중요하다고 생각하는 개념 2~3개를 찾아 쓰도록 했다. 각각의 중요 장면에서 공통점을 바로 찾아내기 어려워하면 장면마다 개념을 찾게 하고, 같거나 비슷한 개념을 중심으로 하나의 탐구 질문을 만들게 했다.

5학년 학생의 탐구 과정을 따라가 보자.

책	중요 장면 설명 또는 요약	개념 찾기
《장난감 형》	부모님이 집을 비운 사이 요릭은 아빠의 작업실에 몰래 들어가 약을 만들어 그 약을 먹고 작아진다. 그리고 동생인 찰스에게 도움을 요청한다.	도전, 도움 요청
《애벌레가 애벌레를 먹어요》	선생님께서 애벌레에 대해 가르쳐주시면서 애벌레는 나뭇잎을 먹는다고 말씀하셨다. 그러나 승준이는 애벌레는 애벌레를 먹는다고 했다. 고재가 승준이의 말이 맞다고 편을 들어주었다.	용기, 도움
《프린들 주세요》	그레인저 선생님이 프린들이라는 말을 쓰지 말라고 했는데도 닉은 그 말을 계속해서 쓴다. 벌을 준다고 했는데도 아이들이 계속 그 말을 쓰는 부분이 중요한 것 같다.	엄격, 끈기, 금지, 창의적
4학년 국어 교과서에 실린 〈정약용〉 이야기	정약용은 백성들의 삶에 관심이 많다. 백성들에게서 세금을 더 걷어 자기 돈을 불린 현감 김양직에게 벌을 내린다.	관심, 도움, 정의

5학년 학생이 쓴 글을 보면《장난감 형》의 중요 장면 설명에서 '도전', '도움 요청'이라는 2개의 개념을 찾았다. 동일한 방법으로 다른 책에서 뽑은 장면과 개념을 보면 어떤 점에 초점을 두고 있는지 알 수 있다. 이 학생이 찾은 개념에서는 '도움'이 세 번이나 등장한다. 각자 요약하고 개념을 찾은 다음에는 쓴 내용을 아이들끼리 서로 이야기했다.

나 나는 그레인저 선생님이 프린들이라는 말을 쓰지 말라는 경고문을 붙이고 벌을 주겠다고 했는데도 아이들이 프린들이라는 이름을 계속 쓰는 게 중요한 장면이라고 생각했어.

친구 왜 그렇게 생각해?

나 선생님이 안 된다고 하고 방과 후 반성문을 쓰게 한다고 하잖아. 그러면 그만둘 만도 한데 계속하니까.

친구 나도 좀 비슷한데, 그레인저 선생님이 하지 말라고 하는데도 계속하는 게 중요한 것 같아.

교사 너희가 말하는 장면에서 공통으로 나오는 사람이 누구니?

나와 친구 닉과 그레인저 선생님이요.

교사 닉과 그레인저 선생님 성격은 어떤 거 같아?

나 닉은 창의적이고 도전적인 것 같고, 그레인저 선생님은 엄격하고 무뚝뚝한 것 같아요.

아이들이 수업 내용을 이해하기 어려워하면 옆 친구와 계속 이야기를 나누게 한다. 교사가 설명하는 것보다 친구를 통해 더 쉽게 이해하는 경우가 많기 때문이다. 학습자상 수업에서는 작품의 주인공에 초점을 두어야 하고, 아이들이 주인공들의 말이나 행동에 관해 이야기할 때 귀를 기울여야 한다. 대화 속에서 학습자상의 개념과 연결되는 경우가 많기 때문에 교사가 적절한 질문을 던지며 생각을 끌어낼 수 있다.

간혹 중요한 장면을 찾는 것 자체를 어려워하는 아이들도 있다.

글을 읽거나 이해하는 데 어려움을 겪는 아이들에게는 동화에 삽입된 그림을 떠올리거나 자세히 보게 하면 좋다. 동화 속 그림은 이야기에서 중요하다고 생각하는 장면을 그림 작가가 포착해서 그리기 때문이다.

한 아이는《애벌레가 애벌레를 먹어요》의 55쪽 그림이 기억에 남는다고 했다. 땅에 머리를 감싸고 엎드린 승준이를 아이들 세 명이 발로 차며 때리고 있고, 힘찬이는 팔짱 끼고 그 모습을 보고만 있는 장면이다. 아이가 중요 장면을 찾았지만 문장으로 쓰기 어려워해 책을 다시 펼쳐 그림의 내용을 말로 표현한 다음에 글로 쓰라고 했다.

Step2 탐구 질문 만들기

이제 궁금한 점을 붙잡아 탐구 질문을 만들 시간이다. IB 프로그램에서는 탐구의 시작을 '질문'으로 본다. 그래서 아이들이 책을 읽고 중요 장면을 요약하고 개념을 찾은 후에 자신의 탐구 질문을 만들게 했다. 4권의 책을 바탕으로 질문을 만드니 '주인공'이라는 말이 들어가고, 4개의 이야기를 포괄하는 공통 질문이 나왔다.

5학년 학생은 자신이 정리한 내용에서 2개의 탐구 질문을 만들었다.

탐구 질문	① 왜 주인공들은 남을 도와줄까? 자신과 관련이 없으면 도와주지 않을 수도 있지 않을까? ② 왜 주인공들은 자신과 관련 없는 일인데 이해를 해주고 편을 들어주면서 도와주려고 할까?

4개의 같은 자료를 읽고 다른 학생들은 어떻게 생각했는지 궁금해서 정리해 보았다. 중요 장면에서 탐구 질문을 뽑아낸 과정을 보니 다른 관점이 보여서 새로웠다. '도움'을 썼던 5학년 학생과 달리 6학년 학생은 '호기심과 도전'을 언급했다.

책	중요 장면 설명 또는 요약	개념 찾기
《장난감 형》	요릭이 엄마와 아빠가 없을 때 몰래 실험실에 들어가서 약물을 먹고 자기 몸을 아주 작게 만들었다. 찰스는 그것을 보고 무척 재밌어했다.	도전, 재미, 실험
《애벌레가 애벌레를 먹어요》	아이들은 승준이가 그린 애벌레 그림을 보고 놀리고 따돌리는데 고재는 용기 있게 아이들에게 하지 말라고 말한다.	왕따, 용기, 장애
《프린들 주세요》	닉은 '프린들'이라는 단어를 만들고, 그레인저 선생님과 학교에서 경고문을 보내는데도 계속해서 그 단어를 쓴다.	엄격, 창의적, 도전적
4학년 국어 교과서에 실린 <정약용> 이야기	정약용은 백성들의 편리를 도와주기 위해 성을 쌓을 때 백성들이 힘들지 않도록 거중기를 만들어 백성의 수고를 덜어주었다.	관심, 도움, 정의

탐구 질문	왜 주인공들은 남이 하라고 하지도 않았는데 호기심을 갖고 도전적으로 하려고 할까?

Step3 탐구 질문에 나와 친구가 차례로 구체화한 답을 쓰고 일반화하기

책을 읽고 만든 탐구 질문의 답은 어떻게 찾을 수 있을까? 처음에는 아이들 혼자 각각의 책에서 자신이 선택한 질문의 답을 생각하게 했다. 예를 들어, 하나의 탐구 질문에 대한 답을《장난감 형》,《애벌레가 애벌레를 먹어요》,《프린들 주세요》, 4학년 국어 교과서에 실린 〈정약용〉 이야기 4권의 책에서 찾아 쓴다. 이것은 탐구 질문에 대한 답을 책 속 인물의 입장에서 생각해 보는 구체화 과정이다. 여기서 구체화는 우리가 사용한 용어이다.

개념 기반 교육과정에서 말하는 시너지적 사고는 일반화와 구체화가 원활하게 이루어져야 하고, 특히 초등학교 시기는 구체화 과정이 필요하다. 깊게 고민하지 않으면 일반화가 아니라 추상화로 빠지기 쉽기 때문이다. 추상화는 책의 맥락이나 자기 경험을 깊게 고민하지 않고 교과서나 대중 매체에서 들은 내용을 반복하는 것이다. 얼핏 보면 일반화가 된 듯하지만 다른 맥락이나 경험에도 똑같이 말할 수 있기에 추상적인 말이 된다. 여기서 추상화는 너무 높은 수준의 일반화를 의미한다.

혼자서 구체화 과정을 거친 후에는 2~4명 정도 짝을 짓거나 모둠을 만들어 짝꿍이나 모둠 친구들과 활동지를 바꿔 각자의 질문에 대해 서로 답을 써준다. 아이들은 친구의 답변을 보면서 어떤 점이 다른지 생각하고, 자기 생각을 분명하게 다듬기도 한다. 생활 속에서 서로의 생각을 교환할 기회가 많지 않기 때문에 아이들은 보통 남들도 자기 생각과 비슷하다고 간주한다. 그래서 수업에서 자기와 다른 답이나 예상하지 못한 내용이 나오면 놀라곤 한다. 생각하기를 좋아하는 아이는 특히 친구 글을 보고 자신도 깊이 생각하려고 애를 쓴다. 교사가 가르치는 것보다 친구의 영향을 더 크게 받는다는 것을 알 수 있다.

다음은 5학년 학생이 선택한 탐구 질문에 대해 자신과 친구들이 쓴 답을 정리한 내용이다.

탐구 질문	왜 주인공들은 남을 도와줄까? 자신과 관련이 없으면 도와주지 않을 수도 있지 않을까?	
《장난감 형》	나의 답	찰스는 작아진 요릭이 혼자 할 수 있는 일이 별로 없는 것 같아서 요릭을 도와준 것 같다.
	친구의 답	찰스는 요릭이 작아져서 부모님이 오기 전에는 꼭 원래의 모습으로 돌아와야지 혼나지 않으니까 도와줬다.
《애벌레가 애벌레를 먹어요》	나의 답	고재는 선생님의 이야기가 옳지 않다고 생각했기 때문에 승준이의 이야기가 맞다고 편을 들어준 거 같다.
	친구의 답	고재는 선생님과 다른 친구들 모두 승준이가 한 말에 동의하지 않을 것 같아서 승준이의 편을 들었다.
4학년 국어 교과서에 실린 <정약용> 이야기	나의 답	정약용은 백성들이 힘들어하는 것을 보고 그들을 괴롭히는 사람들이 옳지 않다고 생각해서.
	친구의 답	정약용은 자신만이 아니라 나라 전체를 위한 일이어서 백성을 생각해 거중기를 만들었다.

Step4 일반화하기

이제는 종합적인 답변을 정리할 시간이다. 정리하기는 구체적인 답변에서 공통적인 속성을 찾아 일반적인 개념이나 주장으로 정리하는 자신만의 일반화 과정이다.

책을 읽고 구체적으로 내용을 파악하고 정리할 수 있어도 이를 일반화할 때는 아이들이 자신의 관점을 분명하게 드러내지 못하고 막연한 질문과 답을 하는 경우가 많다. 책을 대충 읽고 정리한 것과 별 차이가 없다.

탐구 질문에 대한 답을 일반화해서 5학년 학생이 쓴 종합 답변을 살펴보자.

종합 답변	주인공은 자신과 관련이 없어도 도움을 받는 사람을 배려해서 도움을 준 것 같다.

종합 답변에는 각각의 책에 대해 '혼자 할 수 있는 일이 별로 없어서', '옳지 않다고 생각했기 때문에', '괴롭히는 사람들이 옳지 않다고 생각해서'라고 구체적으로 썼던 답이 반영되지 않았다. 단순히 일반적인 의미의 '배려'로 정리했다. 일반화할 때 자신이 구체적으로 '옳지 않다'고 생각한 내용을 반영했으면 좋았을 것이다. 또 도움을 받는 사람이 주인공과 관련 없다고 했는데《장난감 형》의 찰스와 요릭은 형제 관계이고,《애벌레가 애벌레를 먹어요》에서 고재와 승준이는 같은 반 친구이다.

5학년 학생이 처음 만들었던 탐구 질문 ②에 썼던 문장 중 '이해를 해주고 편을 들어주면서' 부분을 더 고민했다면 종합 답변에서 '배려'라는 단어보다 '그 사람을 이해하니까 자신과 관련이 없어도 도와주려 했다'라고 더 깊이 생각할 수 있었을 텐데 아쉬웠다. 그렇기에 질문이나 답을 일반화 형태로 정리할 때는 반드시 구체화 과정을 거치는 것이 좋다.

Step5 전이하기

IB에서 말하는 개념적 이해의 '개념'은 언제, 어디에서나 전이가 가능한 개념이다. IB 학교에서는 전이하기 단계를 평가로 보기도 한다. 아이가 개념이 잘 형성되어 있다면 전이할 수 있을 것이라고 보기 때문이다. 이번 수업에서는 아이들이 책을 읽고 탐구를 통해 형성한 일반화가 기존에 읽었던 책이나 일상에도 적용되는지 찾게 했다.

'주인공은 자기와 관련이 없어도 도움을 받는 사람을 배려해서 도움을 준 것 같다.'라는 일반화 문장을 쓴 5학년 학생이 전이한 내용을 살펴보자. 아이는 자신이 읽었던 다른 책 속 주인공도 도움을 받는 사람을 배려해서 주인공과 관련이 없어도 도움을 주는지 혹은 학교나 가정에서 자신도 그런 경험이 있는지 정리했다.

다른 책	《아름다운 아이》에서 서머는 어거스트가 따돌림을 당하고 아무도 어거스트와 접촉하기 싫어하는데도 같이 놀고 급식을 함께 먹어주었다.
일상생활	애들이 한 친구를 계속 놀렸다. 그래서 놀리는 아이들에게 하지 말라고 이야기했다.

《아름다운 아이》(R.J. 팔라시오 지음)라는 책은 선천적 안면기형으로 태어난 열 살 소년 어거스트가 처음으로 학교에 들어간 뒤 벌어지는 이야기가 담겨있다. 어거스트가 주변 사람들의 편견과 친구들의 괴롭힘을 꿋꿋하게 극복하는 과정에서 친구인 '서머'가 큰 힘이 되어준다. 전이하기 과정이 중요한 이유는 책에서 깨닫게 된 탐구 내용이 이해에 그치지 않고 자기 삶에 적용할 수 있도록 해주기 때문이다.

Step6 성찰하기

성찰하기는 마지막 단계에서만 이루어지는 것이 아니라 수업 내내 이루어진다. 어떤 것을 알게 되었고, 어떤 새로운 개념적 이해가 생겨났고, 어떤 부분이 조금 더 능숙해졌고, 또 보완해야 하는지 아이들이 성찰할 기회를 주는 것이 중요하다.

'탐구하는 사람·지식이 풍부한 사람·사고하는 사람'을 탐구하는 수업을 마치고 성찰하는 시간을 가졌다. 개념을 찾고, 일반화하고, 다시 구체화하는 과정이 생각보다 쉽지 않아서인지 내용보다는 수업 방법이 어렵고 특이하다는 이야기가 많았다.

"평소에는 1권씩 읽었는데 4권의 책을 읽고 개별과 공통으로 나눠 여러 가지로 해서 힘들기도 했지만 특이했다."

"어려웠지만 굉장히 생각을 많이 한 것 같다."

아마 책을 읽는 것에서 그치지 않고 학습자상의 특징을 찾고, 일반화하는 과정은 접해본 적이 없어서 어려웠을 것이다.

아이들의 성찰은 곧 교사의 수업에 대한 성찰로 이어진다. 일반 학교에서 'IB 학습자상'을 소재로 새로운 방식의 수업을 하면서 아이들이 책을 통해 개념을 찾고, 구체화하고, 일반화를 끌어낼 수 있다는 자신감이 생겼다. '탐구하는 사람 · 지식이 풍부한 사람 · 사고하는 사람'과 관련한 수업을 우리나라 교육과정에서 추구하는 인간상 중 하나인 '창의적인 사람'과도 연계할 수 있을 것 같다.

또 책 속의 구체적인 내용에서 개념을 찾고, 탐구 질문을 만들고, 다시 책 속에서 답을 찾아내는 과정에서 아이들의 생각이 또렷해지는 것을 발견했다. '일반화'에만 초점을 두면 아이들의 사고가 너무 추상적으로 가는 경우가 있는데 책을 통해 구체화하는 과정을 경험하는 게 도움이 되었다.

IB 학습자상 중 '탐구하는 사람·지식이 풍부한 사람·사고하는 사람'과 관련한 수업을 준비하면서 호기심, 연구와 같은 방향으로 아이들의 탐구 질문이 나오지 않을까 예상했다. 하지만 아이들의 질문은 달랐다. 책 속 주인공이 자신이 탐구한 것을 세상에 어떻게 활용하는지에 더 관심을 가진 듯 보였다.

'힘들었다. 어려웠다'는 아이의 반응에서도 알 수 있듯이 하나의 인물에 담긴 학습자상은 복합적이라서 하나로 정의하기 쉽지 않다.

교사는 수업의 방향을 설정할 수 있지만 때로는 아이의 탐구가 흘러가는 대로 두고 지켜보는 것도 필요하다고 느꼈다. 아이가 깨달아가는 과정을 존중받을 때 다음의 탐구를 또 시작할 수 있지 않을까?

IB 학습자상 탐구 수업 ②

소통하는 사람

열린 마음을 지닌 사람

배려하는 사람

IB 학습자상 중 '소통하는 사람 · 열린 마음을 지닌 사람·배려하는 사람'은 얼핏 보면 비슷한 말처럼 보이지만 학습자상 세부 설명을 보면 조금씩 다르다. '소통하는 사람'에서는 우리 자신을 표현하고 다른 개인과 집단의 의견을 경청하는 것, '열린 마음을 지닌 사람'에서는 다양한 관점을 추구하며 이런 경험을 통해 성장하는 점, '배려하는 사람'은 다른 사람의 삶에 공감하고 지역 사회에 봉사하며 긍정적인 변화를 도모하는 마음 등을 제시하고 있다.

책을 선정할 때도 학습자상의 세부 설명을 다시 읽으며 최대한 그 의미를 고려했다. 내용뿐만 아니라 자료의 형식에서도 학생들의 다양한 읽기 수준을 고려하여 그림책부터 얇은 동화책, 두꺼운 동화책, 교과서를 준비했다.

탐구 수업에 활용할 책 선정하기

《검피 아저씨의 뱃놀이》존 버닝햄 글, 그림

옆집에 사는 검피 아저씨는 동물들과 아이들을 배려하여 배에 태워주고 뱃놀이를 떠난다. 검피 아저씨는 떠들면 안 된다, 싸우면 안 된다, 장난치면 안 된다고 말한다. 그러나 검피 아저씨의 말을 듣지 않은 아이들과 동물들 때문에 결국 배가 뒤집혀 모두 흠뻑 물에 젖지만 다들 기분 좋게 집에 돌아와 함께 차를 마신다.

《내 동생 아영이》김중미 글, 권사우 그림

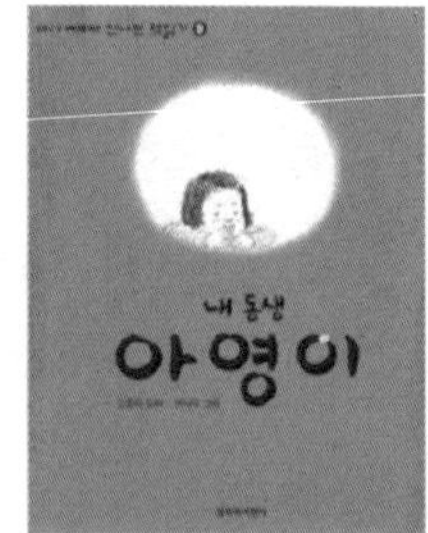

영욱이에게는 다운증후군 동생 아영이가 있다. 아영이는 얼굴 생김새도 보통 아이와 다르고 말도 어눌하다. 영욱이는 교실까지 따라오는 아영이가 부끄럽다. 한편 영욱이 반에 새로 전학 온 희수는 공부도 어렵고 준비물도 잘 챙기지 못해서 반 아이들에게 따돌림을 받는다. 영욱, 아영, 희수는 처음에는 서로의 마음을 잘 알지 못하지만 여러 일을 경험하면서 서로를 이해하게 된다.

《축구왕 이채연》 유우석 글, 오승민 그림

열세 살 채연이는 운동이라면 질색인 아이다. 축구를 좋아하는 친구의 부탁에 어쩔 수 없이 학교 여자 축구부에 가입한 채연이는 열심히 훈련에 참여한다. 그러던 어느 날, 식당에서 생긴 오해 때문에 불편한 사이가 된 소민이가 축구부에 들어온다. 여자 축구부에서 채연이와 소민이는 오해를 풀고, 자존심이 센 주장 지영이는 다른 사람을 배려하는 법을 배워간다.

2024년도 4학년 국어 교과서에 실린 〈김만덕〉 이야기

전기문의 특성 알기

1. 전기문의 특성을 생각하며 「김만덕」을 읽어 봅시다.

김만덕

김만덕은 평민 집안에서 태어났지만 고아가 되어 기생의 수양딸로 들어가 천민의 신분이 되었다. 여성들에 대한 차별이 심했던 시절 김만덕은 신용과 박리다매를 원칙으로 조선 시대 최고의 여성 상인이 되었다. 그런데 백성들이 가뭄과 재난으로 고통스러워하자 자기 아픔처럼 여기고 전 재산을 내놓아 제주 백성을 구했다.

수업하다 보면 문해력의 수준, 수업 태도나 책 준비 여부 등 교실 상황이 모두 다르다. 늘 예상하지 못한 일이 벌어지기도 한다. 책을 다 읽지 못한 아이들은 앞부분의 장면이라도 읽고 참여하게 했다. 미리 읽었거나 김만덕에 대해 더 알고 싶은 아이들에게는 따로 위인전을 읽어보라고 권했다. IB에서도 교과서가 없는 경우가 많고, 탐구 주제에 맞는 다양한 자료를 제시하기 때문에 교과서도 학년이나 과목에 한정 짓지 않고 탐구 자료로 활용할 수 있다.

탐구 수업 기획하고 활동지 만들기

아이들이 학습자상에 더 초점을 두도록 중요 장면을 설명하고 요약하는 부분에 관련 단어인 '소통', '열린 마음', '배려'라는 단어를 활동지에 넣었다.

활동지에 대해서는 미리 설명하지 않았다. 교사의 설명이 많은 경우 이해가 안 되는 아이들은 생각을 안 하거나 멈춘다. 그래서 자세하게 설명하지 않고 일단 해보라고 한다. 보통 아이들이 가만히 있으면 교사가 자세하게 설명을 해주는 경우가 많은데 그런 상황에 익숙해지면 아이들이 활동지나 어떤 과제를 받았을 때 스스로 생각하기보다 선생님의 말을 기다린다. 반대로 설명이 적으면 일단 자기 생각대로 해본다. 그러다가 궁금하거나 이해가 안 되는 부분을 구체적으로 물어보면 그때 교사가 말해준다.

〈소통하는 사람·열린 마음을 지닌 사람·배려하는 사람〉 수업 활동지

이름:

<table>
<tr><td colspan="2">수업 책</td><td>1) 2) 3) 4)</td></tr>
<tr><td colspan="3">'소통', '열린 마음', '배려'가 나오는 중요 장면을 찾아서 요약한다.</td></tr>
<tr><td rowspan="2">1)</td><td>중요 장면 설명 또는 요약</td><td></td></tr>
<tr><td>질문</td><td>①</td></tr>
<tr><td rowspan="2">2)</td><td>중요 장면 설명 또는 요약</td><td></td></tr>
<tr><td>질문</td><td>②</td></tr>
<tr><td rowspan="2">3)</td><td>중요 장면 설명 또는 요약</td><td></td></tr>
<tr><td>질문</td><td>③</td></tr>
<tr><td rowspan="2">4)</td><td>중요 장면 설명 또는 요약</td><td></td></tr>
<tr><td>질문</td><td>④</td></tr>
<tr><td colspan="2" rowspan="2">탐구 질문</td><td>⑤ ( )</td></tr>
<tr><td>⑥ ( )</td></tr>
</table>

1. 1) 2) 3) 4)는 수업에서 읽은 책 제목을 쓴다.
2. 질문 ①~④에는 책 속 중요 장면 설명 또는 요약해서 쓴 것 중 궁금하거나 이상한 부분에 대해 질문을 쓴다.
3. ⑤는 ①~④ 질문 4개 중 2~3개를 골라 ( )에 번호를 쓰고, 이들을 포함하는 공통의 탐구 질문을 만든다.
4. ⑥은 IB 학습자상과 관련한 개념(소통·경청, 열린 마음·다양한 관점, 배려·공감) 중 하나를 ( )에 쓰고, 이 개념이 포함되도록 ⑤를 수정해서 쓴다.

<table>
<tr><td rowspan="12">개별 답변
(교재 4권 중 3권을
골라서 진행한다.)</td><td>⑪ (　　　)·나)</td></tr>
<tr><td></td></tr>
<tr><td>⑫ (　　　)·친구:　　　)</td></tr>
<tr><td></td></tr>
<tr><td>⑬ (　　　)·나)</td></tr>
<tr><td></td></tr>
<tr><td>⑭ (　　　)·친구:　　　)</td></tr>
<tr><td></td></tr>
<tr><td>⑮ (　　　)·나)</td></tr>
<tr><td></td></tr>
<tr><td>⑯ (　　　)·친구:　　　)</td></tr>
<tr><td></td></tr>
<tr><td rowspan="2">종합 답변</td><td>⑰ (나)</td></tr>
<tr><td></td></tr>
<tr><td rowspan="6">전이하기
(다른 책이나
일상생활)</td><td>⑱ (책 제목)</td></tr>
<tr><td></td></tr>
<tr><td></td></tr>
<tr><td>⑲ (비슷한 경험과 반성)</td></tr>
<tr><td></td></tr>
<tr><td></td></tr>
<tr><td rowspan="2">성찰하기</td><td>⑳</td></tr>
<tr><td></td></tr>
</table>

5. ⑪~⑯의 ( )에는 앞 장의 탐구 질문 ⑥에 대해 책 1권을 정해 번호를 적고 답변을 쓴다.
6. ⑫, ⑭, ⑯ 친구:)에는 답을 하는 친구의 이름을 쓴다.

탐구 수업 시작하기

Step1 개념을 포함하고 있는 중요 장면 요약하고 의문 갖기

활동지를 나눠주고 일단 해보라고 하자 아이들은 잘 모르겠다는 표정을 지었다. 잠시 생각할 시간을 주고 나서 각자 생각하는 소통, 열린 마음, 배려에 관한 이야기를 나누었다.

"책에서 주인공이 친구나 다른 사람들한테 열린 마음을 보이거나 배려하거나 소통하는 장면이 나오는 부분을 찾아서 3줄을 쓰고 거기에 의문을 갖는 거야. 자, 소통하면 뭐가 떠오르는지 말해볼까?"

"대화하는 거요."

"대화는 누구나 다 하잖아."

"잘 들어주고 잘 말하는 거요."

"열린 마음은?"

"새로운 거 낯선 거 받아들이는 거요."

"배려는?"

"다른 사람에게 친절을 베푸는 거요."

대화하고 나서 소통, 열린 마음, 배려가 등장인물의 행동이나 말로 나타나는 장면을 찾고 의문 갖기를 시작했다. 의문은 자기에게 하는 질문이라고 할 수 있다. 아이들에게 책을 읽으면서 궁금한 것을 적어보라고 했다. 다음은 2학년 학생이 쓴 글이다.

《검피 아저씨의 뱃놀이》	요약	검피 아저씨가 배를 탈 때 토끼, 고양이, 개, 돼지, 양, 닭, 송아지, 염소 등 동물들을 모두 배에 태워주었다. 동물들을 모두 태우고 가고 있는데 동물들이 말썽을 부려 그만 배가 뒤집히고 말았다.
	질문	많이 태우면 배가 가라앉을 텐데 왜 검피 아저씨는 모두 태워준 걸까?
《내 동생 아영이》	요약	희수는 놀이터에서 만난 아영이에게 마음을 열고 같이 모래성을 쌓았다. 그리고 아영이가 모래를 처음 쌓고 잘 쌓자 희수는 아영이를 칭찬해 주었다.
	질문	다른 놀이도 할 수 있는데 왜 희수는 모래성만 쌓고 논 걸까?
《축구왕 이채연》	요약	전국대회에서 아픈 이채연을 대신해 친구들이 뛰어주었다. 그리고 시원하게 졌다.
	질문	왜 이채연이 축구왕일까? 이채연이랑 같은 날에 축구부에 들어간 애들은 잘 못 뛰었을까?
4학년 국어 교과서에 실린 〈김만덕〉 이야기	요약	김만덕은 제주도에 흉년이 들었을 때 전 재산으로 육지에서 오백여 석의 곡식을 사 제주도의 굶주린 사람들에게 나누어주었다. 그 덕분에 사람들은 살 수 있었다.
	질문	김만덕은 왜 오백여 석의 곡식을 사서 제주도의 모든 사람을 살렸을까?

장면을 짧게 요약한 아이한테는 몇 줄 더 덧붙이라고 했다. 장면을 길게 써야 질문을 만들기 쉽기 때문이다. 주인공 성격을 구체

적으로 묘사해야 질문도 구체적으로 나온다. 요약하면 추상적인 질문이 나오기 쉽다. 반대로 너무 길게 쓰는 아이한테는 의문을 가지라고 한다. 왜냐하면 탐구할 때는 쓰는 것 자체보다 의문이 떠올랐을 때 놓치지 않는 게 더 중요하기 때문이다. 아이들이 쓴 내용을 보고 지금처럼 그 아이에게 맞게 필요한 부분을 말해주는 것이 개별화된 피드백이다.

4학년 학생이 다음과 같이 질문을 썼다.

<table>
<tr><td rowspan="2">《검피 아저씨의 뱃놀이》</td><td>요약</td><td>검피 아저씨는 자기 배가 꽉 찼는데도 동물들을 계속 태워줬다. 그리고 배가 엎어져도 다음에도 또 타라고 동물들과 꼬마 아이들에게 말했다.</td></tr>
<tr><td>질문</td><td>왜 검피 아저씨는 배가 엎어졌는데도 다음에 또 타라고 했을까? 다음에 또 타서 배가 엎어진다면 배가 고장 날 수도 있을 텐데.</td></tr>
<tr><td rowspan="2">《내 동생 아영이》</td><td>요약</td><td>아영이가 자기 말을 들어주며 공감해 주는 것을 보고 희수는 아영이와 함께 놀아주고 아영이의 다름을 인정한다.</td></tr>
<tr><td>질문</td><td>아영이는 왜 희수의 말을 들어주었을까?</td></tr>
<tr><td rowspan="2">《축구왕 이채연》</td><td>요약</td><td>채연을 비롯한 축구부 아이들이 서로 축구하면서 팀워크를 키우고 진정한 친구가 되어서 경기를 치른다.</td></tr>
<tr><td>질문</td><td>아이들은 왜 진정한 친구가 되었을까?</td></tr>
<tr><td rowspan="2">4학년 국어 교과서에 실린 〈김만덕〉 이야기</td><td>요약</td><td>김만덕은 제주도 사람들이 위기에 빠진 것을 알게 되고 가라앉은 식량을 대신해서 전 재산으로 식량을 사 사람들을 살린다.</td></tr>
<tr><td>질문</td><td>김만덕은 왜 전 재산으로 사람들을 살렸을까?</td></tr>
</table>

다음은 6학년 학생이 요약한 내용과 질문을 정리한 것이다.

《검피 아저씨의 뱃놀이》	요약	검피 아저씨는 동네 아이들, 염소, 토끼, 닭 등의 동물들이 떠들거나 뛰거나 장난치더라도 배에 태워준다. 그리고 동물들과 같이 배에 타거나 소통하는 것을 즐거워한다.
	질문	왜 검피 아저씨는 동물들이나 아이들이 장난쳐도 나가라고 하지 않을까? 처음에 장난치면 안 된다고 분명히 말했는데.
《내 동생 아영이》	요약	희수는 아영이가 골목에 혼자 있을 때나 길가에서 놀고 있을 때 영욱이네 반 다른 아이들과 다르게 장애를 가진 아영이와 함께 놀아주고 소꿉놀이도 같이해 주며 아영이에게 다가간다.
	질문	왜 영욱이는 처음에 장애를 가지고 있는 아영이를 반 아이들이 보는 것을 싫어했을까? 자기 동생이고 장애를 가졌더라도 부끄러워할 필요는 없는데.
《축구왕 이채연》	요약	지영이의 부탁으로 채연이는 축구부에 가입하게 되었는데 축구부에 있는 아이들과 같이 힘든 훈련을 하고 서로의 약점을 보완하며 친구들과 더 자주 소통하게 된다.
	질문	왜 채연이는 지영이에게 소민이와의 관계에 대해 사실대로 말하지 않았을까? 그래야 소민이와 더 친하게 지낼 수 있을 텐데.
4학년 국어 교과서에 실린 〈김만덕〉 이야기	요약	김만덕은 자신이 장사해서 번 풍족한 돈을 낭비하지 않고 굶주리고 있는 제주도 사람들에게 쌀과 돈 등을 나눠주며 다른 사람에게 자신이 가지고 있는 것을 나누는 삶을 산다.
	질문	왜 김만덕은 자신이 장사해서 번 돈을 나눠주었을까?

두 아이가 정리한 질문을 비교해 보면 6학년 학생이 요약한 글과 질문의 양이 더 많다. 학년과 상관없이 책을 여러 번 읽은 아이들의 질문이 더 구체적이고, 같은 책을 읽어도 아이마다 주인공을 바라보는 관점이 다르다.

Step2 탐구 질문 만들기

아이들에게 자신들이 만든 질문을 '일반화'해서 탐구 질문을 만들어보라고 하자 무슨 말인지 이해하지 못했다. 각각의 질문을 합치기 위해 주인공들의 행동에서 공통점을 찾는 것이라고 덧붙였다. 잠시 후 다른 아이가 똑같은 질문을 하자 먼저 이해한 아이에게 설명하게 했다. 아이들은 교사가 다시 설명하는 것보다 친구가 설명해 주는 것을 훨씬 더 잘 듣는다.

탐구 질문을 만드는 것을 어려워할 때도 친구가 쓴 내용을 참고하게 할 수 있는데 항상 그렇게 하지는 않고 아이에게 맞춘다. 자기 생각이 강한 아이는 다른 사람의 답이나 내용에 별로 영향을 받지 않아서 괜찮지만 주변의 영향을 잘 받는 아이는 혼자 해보도록 기다려준다. 생각할 시간이 더 필요할 수 있기 때문이다.

보통 수업 시간은 40분인데 그 안에 결과물을 다 내야 하는 것에 중점을 두면 기다리기 어렵다. 그래서 아이의 학습을 평가할 때 하나의 차시뿐만 아니라 20차시 정도의 탐구 수업 동안 학생의 과정과 변화를 장기적으로 관찰하자는 마음을 가지는 것이 좋다.

4개의 질문을 관통하는 공통의 탐구 질문을 만들었다면 그다음은 자신이 쓴 탐구 질문에 '소통·경청, 열린 마음·다양한 관점, 배려·공감' 중 하나를 골라 개념을 쓰도록 한다. 그 이유는 자신이 만든 질문에 IB 학습자상에 담긴 개념을 넣어서 초점을 좁히기 위해서였다.

아이들이 만든 질문을 살펴보자.

4학년 학생은 처음에는 '손 내밀어주었다'라고 썼다가 '공감'이라는 단어를 넣어서 다시 썼다.

탐구 질문	주인공들은 왜 서로에게 먼저 손 내밀어주었을까?
개념을 추가한 탐구 질문	주인공들은 왜 어려운 사람들에게 공감해 주었을까?

6학년 학생은 '불편을 감수했다'라고 썼다가 '배려'라는 단어를 사용했다.

탐구 질문	왜 주인공은 다른 사람 때문에 불편한데도 그 불편을 감수하는 걸까?
개념을 추가한 탐구 질문	왜 주인공은 다른 사람 때문에 불편한데도 남을 배려해서 그 불편을 감수하는 걸까?

6학년 학생의 질문처럼 누군가와 소통하고, 열린 마음을 갖고, 배려하는 것은 마음을 써야 하는 불편한 일일 수도 있다. 아이의 질문을 읽다 보니 정말 책 속 주인공들은 어떻게 그런 사람이 된 것일까 궁금해졌다.

Step3 탐구 질문에 나와 친구가 차례로 구체화한 답을 쓰고 일반화하기

4학년 학생은 자신이 쓴 탐구 질문 '주인공들은 왜 어려운 사람들에게 공감해 주었을까?'에 대한 답을 책에서 찾아 쓰고, 친구들도 같은 질문에 답을 써주었다. 마지막에는 자신과 친구들의 답을 참고해서 이를 일반화한 종합 답변을 쓴다.

다음은 4학년 학생이 친구와 함께 구체화한 답을 쓰고 이를 참고하여 일반화한 종합 답변을 쓴 것이다.

탐구 질문	주인공들은 왜 어려운 사람들에게 공감해 주었을까?	
《내 동생 아영이》	나의 답	항상 외로운 희수는 아영이를 만났고, 아영이가 자기 말을 경청해 주는 것만으로도 기뻤을 것이다.
	친구의 답	희수가 외롭다는 것을 알고 친절하게 대해줘야 한다고 생각했기 때문이다.
《축구왕 이채연》	나의 답	처음에는 서로 잘 맞지 않았지만 서로 팀워크를 하면서 마음을 하나로 모아 친구가 되었을 것이다.
	친구의 답	축구를 잘하려면 무엇보다 팀워크가 필요하기 때문이다.
4학년 국어 교과서에 실린 〈김만덕〉 이야기	나의 답	자신이 어려운 형편을 겪었기 때문에 사람들을 잘 공감해서 곡식을 사준 것이다.
	친구의 답	자신보다 마을 사람들을 더 중요하게 생각했기 때문이다.
종합 답변	서로에게 공감하며 행복을 느끼는 사람들이었기 때문이다.	

다음은 6학년 학생이 친구와 함께 쓴 구체화한 답과 일반화한 종합 답변을 쓴 것이다.

<table>
<tr><td>탐구 질문</td><td colspan="2">왜 주인공은 다른 사람 때문에 불편한데도 남을 배려해서 그 불편을 감수하는 걸까?</td></tr>
<tr><td rowspan="2">《검피 아저씨의 뱃놀이》</td><td>나의 답</td><td>검피 아저씨는 동물들이나 아이들이 모두 같이 있어야 즐겁다고 생각해서.</td></tr>
<tr><td>친구의 답</td><td>검피 아저씨는 동물들이나 아이들을 이해하고 싶어서.</td></tr>
<tr><td rowspan="2">《내 동생 아영이》</td><td>나의 답</td><td>영욱이는 아영이가 장애를 갖고 있지만 가족이기도 하고 함께여서 행복할 때도 있어서.</td></tr>
<tr><td>친구의 답</td><td>영욱이는 아영이가 밉기도 하지만 가족이라 아영이가 좋아서.</td></tr>
<tr><td rowspan="2">《축구왕 이채연》</td><td>나의 답</td><td>채연이는 지영이에게 소민이와 잘 지낸다고 말해야 더 큰 싸움이 일어나지 않을 것 같아서.</td></tr>
<tr><td>친구의 답</td><td>채연이는 지영이에게 소민이와 사이가 좋지 않다고 하면 지영이가 실망할 것 같아서.</td></tr>
<tr><td>종합 답변</td><td colspan="2">주인공들은 다른 사람 때문에 불편하더라도 같이 있고 배려해야 즐겁기 때문에.</td></tr>
</table>

Step4 전이하기

아이들이 자신의 탐구 질문에 일반화를 거친 종합 답변을 찾았다면 행동하기나 전이하기 단계에서는 일반화가 현재 삶에서의 행동이나 다른 책에서도 전이되는지 살펴본다. '주인공들은 서로에게 공감하며 행복을 느끼는 사람들이었기에 어려운 사람들에게 공감해 주었다'라는 일반화 문장을 쓴 아이는 전이하기 단계에서 자신이 읽었던 책이나 일상생활에서 이것이 어떻게 적용되는지 생각해 볼 수 있다.

4학년 학생은 다음과 같이 전이했다.

다른 책	《헬렌 켈러》에서 헬렌은 자신과 비슷한 장애를 가진 소녀가 말을 배웠다는 것에 공감하고 행복을 느껴서 자신도 열심히 배웠다.
일상생활	나는 내 친구가 피겨스케이팅 공연을 하는 영상을 보면서 친구가 아주 기뻤을 것 같다고 생각하니 기뻤다.

6학년 학생은 다음과 같은 전이했다.

다른 책	《밤티마을 큰돌이네 집》에서 큰돌이가 생각난다. 큰돌이는 집에서 할아버지와 잘 소통이 안 될 때가 있지만 알아들으려고 노력한다. 아마 노력하려고 애쓰면 점점 소통되니까 더 즐거워져서 그런 것 같다.
일상생활	같은 반에서 성격이 잘 맞지 않는 친구가 있을 수도 있지만 다 같이 배려해야 화목한 반이 될 수 있다.

두 아이가 쓴 글이 조금씩 다른데 6학년 학생이 다른 책으로 전이한 내용이 더 구체적이다.

전이하기의 여러 방법 중 행동에 더 초점을 둔다면 실제 자신의 생활에서 다른 사람들에게 공감하며 행복을 느낄 수 있는 일을 찾아

실천해 볼 수도 있다. 이러한 활동들은 아이들이 학습자상을 더 깊이 있게 이해하도록 돕는다.

Step5 성찰하기

IB에서 성찰하는 방법은 여러 가지가 있다. 성찰 일지를 지속해서 쓰면서 배움을 기록하거나 '전에는 ~했는데 지금은 ~이다'와 같은 성찰 전략을 사용하기도 한다.

이번에는 아이들이 수업을 돌아보며 새롭게 배운 점이나 어려운 점들을 성찰 일지에 쓰게 했다.

성찰 일지	- 두뇌가 아프다. - 이번 수업에서는 4권의 책에서 공통적인 질문을 만드는 것이 힘들었다. 4권의 책에서 나온 질문이 다른데 그 모든 것을 포함한 질문 하나를 만드는 것이 어려웠다. 모든 것을 포함한 것을 찾기가 어려웠다. - 서로 다른 내용의 책을 종합 답변으로 쓰는 것이 조금 어려웠던 것 같다. 보통 질문에 답을 하나하나 따로 쓰는 데 공통적인 답으로 쓰는 것이 평소와 다른 것 같다. 왜 어렵냐면 서로 다른 내용을 하나의 질문으로 만들어야 해서 어려운 것 같다. 왜 나는 서로 다른 내용을 하나로 만드는 것이 어려울까?

IB 학습자상 탐구 수업 ③

원칙을 지키는 사람
균형 잡힌 사람

이번 수업에서 탐구할 학습자상은 '원칙을 지키는 사람 · 균형 잡힌 사람'이다. 학습자상의 세부 설명을 살펴보면 '공정성과 정의감', '성실', '정직', '균형', '상호 의존'과 같은 자질이 담겨있다. 특별한 상황에서 원칙을 지키는 사람과 균형 잡힌 사람은 어떤 생각과 말, 행동을 할지 생각하며 인물이나 이야기를 찾으려고 했다.

탐구 수업에 활용할 책 선정하기

《부루퉁한 스핑키》윌리엄 스타이그 글, 그림

스핑키는 가족들이 자신의 마음을 모른다고 생각하며 잔뜩 화가 났다. 가족들이 아무리 달래도 마음을 풀지 않다가 마지막에 가족들이 나한테 그렇게 한 게 꼭 가족들만의 잘못인지 생각한다. 그러면서 어떻게 하면 화를 풀면서도 자기가 한 행동에 책임을 질 수 있을까 밤새도록 고민하다가 가족들을 위한 아침 식사를 차린다.

《요술 손가락》로알드 달 글, 퀸틴 블레이크 그림

어느 날 신비한 힘을 지닌 요술 손가락을 갖게 된 여덟 살 여자아이는 재미를 위해 사냥을 즐기며 동물을 죽이던 그레그 씨 가족을 새로 변하게 한다. 그레그 씨 가족은 추위에 떨며 둥지에서 잠들고, 인간에게 사냥당하는 새의 상황에 부닺치면서 동물의 입장에서 생각

하게 된다.

《휘파람 반장》 시게마츠 기요시 지음

초등학교 4학년 츠요시의 반에 외발자전거를 잘 타고 휘파람을 잘 부는 여자아이 마코토가 전학을 온다. 마코토는 어릴 때 아빠를 잃었지만 누구보다도 강하고 친구를 생각하는 마음이 깊은 아이이다. 6학년 친구들이 2학년 아이를 괴롭히는 것을 멈추게 하고 보호한다. 이 장면에서 마코토는 옳다고 생각하는 일을 거침없이 행동으로 옮기는 아이라는 것을 알 수 있다.

2024년도 3학년 국어 교과서에 실린 〈오성과 한음〉 이야기

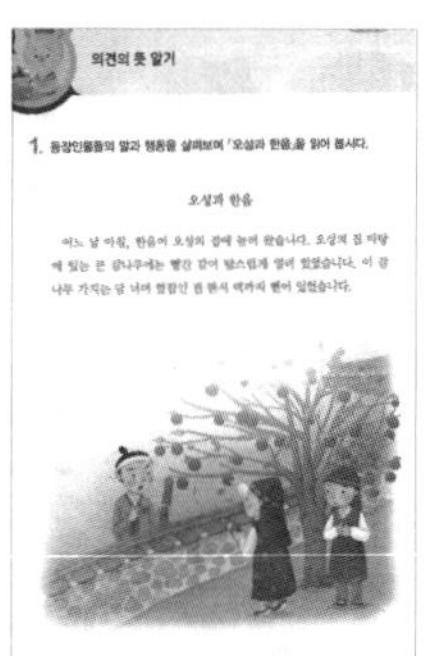

오성은 친구 한음이 감을 먹고 싶어 하자 자기 집 감나무에서 감을 따려고 하는데 옆집 하인은 가지가 담을 넘어왔으니 자신의 감이라고 우긴다. 오성은 옆집 권 판서 댁을 찾아가서 팔로 방문을 뚫으며 이 팔이 누구의 것인지 묻는다. 이처럼 오성은 무엇이 올바른지 공정함의 기준을 세워서 문제를 지혜롭게 해결한다.

책을 선정하고 나서 《요술 손가락》과 《휘파람 반장》이 절판이어서 아이들이 책을 구하기가 어렵지 않을까 고민했다. 이럴 때는 책을 구할 수 있는 시간을 더 여유롭게 확보한다. 절판된 책도 좋은 책이 많다는 것을 알려주고 싶었기에 지역 도서관에 비치되어 있는 경우 상호대차나 책 배달 시스템을 이용하도록 안내했다. 교사가 따로 구해둔 책들은 학급에 두어 아이들이 읽을 수 있게 했다.

〈원칙을 지키는 사람·균형 잡힌 사람〉 수업 활동지

이름:

수업 책	1) 2) 3) 4)
'원칙을 지키는 사람', '균형 잡힌 사람'이란?	①
	②
4권의 교재 중에서 3권만 골라서 작성한다.	
중요 장면 설명 또는 요약	( )
질문	③
중요 장면 설명 또는 요약	( )
질문	④
중요 장면 설명 또는 요약	( )
질문	⑤
탐구 질문	⑥
	⑦ ( )
개별 답변	⑧ (나)
	⑨ (친구:)

1. 1) 2) 3) 4)는 수업에서 읽은 책 제목을 쓴다.
2. ①,②는 자신이 생각하는 '원칙을 지키는 사람', '균형 잡힌 사람'의 뜻을 쓴다.
3. ③,④,⑤에는 책 속 중요 장면 설명 또는 요약해서 쓴 것 중 궁금하거나 이상한 부분에 대해 질문을 쓴다.
4. ⑥는 위 질문 3개 중 2~3개를 포함하는 공통의 탐구 질문을 만든다.
5. ⑦은 IB 학습자상과 관련된 개념(공정성·정의감, 인간의 존엄성과 권리를 존중, 우리와 타인의 행복을 위해 균형, 타인과 세상과도 상호 의존) 중 1~2개를 포함해서 ⑥을 수정해서 쓴다.
6. ⑧에는 탐구 질문 ⑥ 또는 ⑦에 대한 자신의 답을 쓰고, 친구는 ( ) 안에 이름을 적고 답변을 쓴다.

앞 질문(⑦)에 개별 답변 (구체화)	⑪ (　　　)·나)
	⑫ (　　　)·친구:　　　)
	⑬ (　　　)·나)
	⑭ (　　　)·친구:　　　)
	⑮ (　　　)·나)
	⑯ (　　　)·친구:　　　)
종합 답변 (일반화)	⑰ (나)
위 답변(⑰)과 ⑧과의 차이	
전이하기 (다른 책이나 일상생활)	⑱ (책 제목)
	⑲ (비슷한 경험과 반성)
성찰하기	⑳

7. ⑪~⑯의 (　　)에는 앞 질문(⑦)에 답하는 책의 번호를 쓰고, 등장 인물을 주어로 해서 구체적으로 답변한다.

8. ⑫,⑭,⑯ 친구:　　　)에는 답변을 하는 친구의 이름을 쓴다.

탐구 수업 기획하고 활동지 만들기

첫 시간에 아이들이 '원칙을 지키는 사람', '균형 잡힌 사람'의 뜻을 스스로 생각하고 정리할 수 있도록 앞부분에 설명을 추가했다. 그다음 아이들은 미리 읽은 3권의 책과 교과서를 포함해 총 4권의 자료 중 3권을 선택해서 중요 장면을 자기 말로 설명하거나 요약했다. 3권을 고르게 한 이유는 부담감을 줄여주고 싶기도 했고, 무엇보다 스스로 선택하는 기회를 주고 싶었기 때문이다. 여기서 '선택'은 IB에서 말하는 학습자의 주도성 요소 중 하나이기도 하다.

이전까지는 아이들이 일반화 과정을 거쳐 탐구 질문을 만든 후 책 속 구체적인 상황에서 자신의 탐구 질문에 대한 답을 찾게 했다. 이번에는 아이들이 탐구 질문을 만든 다음 바로 답을 쓴 것과 구체화 과정을 거친 후에 쓴 답의 차이점을 정리하는 내용을 넣었다. 책 속에서 답을 찾는 구체화 과정이 어떤 의미가 있는지 스스로 느끼게 하는 것이 목적이었다.

탐구 수업 시작하기

Step1 학습자상 의미 정리하기

아이들이 먼저 생각할 수 있게 질문을 한다.

"균형 잡힌 사람은 어떤 사람인 것 같아?"

아이들은 학습자상 용어에 들어간 단어를 그대로 사용해서 대답한다.

"규칙을 지키는 사람이요."

"몸의 균형이 잡힌 사람인 거 같아요."

"공정한 사람이라고 생각해요."

그다음에 좀 더 구체적으로 질문해 보았다.

"그러면 공정하다는 건 뭐야?"

"과자 같은 거 똑같이 받는 거요."

"2학년이랑 4학년이 용돈을 똑같이 받는다면 공정한 걸까?"

기존의 생각을 건드리는 질문을 던지기도 한다. 2학년 학생의 대답이 인상적이었는데 '균형 잡힌 사람'을 생각하니 같은 반 여자아이가 떠오른다고 했다. 친구를 잘 도와주는데 그 아이는 왠지 균형 잡힌 사람인 것 같다고 했다. 그 말을 듣는 순간 균형 잡힌 사람이 가진 속성 중 하나인 '상호 의존'이 떠올랐다.

저학년의 경우 문장으로 쓰는 걸 어려워하면 말로 먼저 표현하게 한다. 이야기를 나누면서 아이들은 자신이 생각하는 학습자상의 의미를 다음과 같이 정리해 갔다.

'원칙을 지키는 사람'이란?	- 정해진 규칙을 지키고 정의감을 가지고 행동하며 다른 사람의 권리를 존중하는 사람 - 주어진 중요한 규칙을 항상 잘 지키고 사람들을 불편하게 하지 않는 사람 - 사회의 규칙을 잘 지키고 남에게 피해가 가지 않게 자기 일을 잘하고 남을 존중하는 사람
'균형 잡힌 사람'이란?	- 타인과 자기 행복을 위한 균형을 맞추고, 단단한 기준을 가져 그 기준에 맞게 행동하는 사람 - 예의 바르게 행동하고 이래라저래라 하지 않는 사람 - 변덕 부리지 않고 매일매일의 일을 정해서 그것대로 살며 다른 사람과 상호의존하는 사람

지금까지의 학습자상 수업에서 아이들은 이번 개념을 가장 어려워했다. '균형', '원칙'이라는 단어는 평소에 듣거나 직접 경험할 기회가 없었기 때문일까?

Step2 학습자상이 드러나는 중요 장면 요약하고 의문 갖기

아이들은 책을 읽고 '균형 잡힌 사람·원칙을 지키는 사람'이 드러나는 중요 장면을 요약한 후 각각에 대해 다음과 같은 질문을 만들었다.

《요술 손가락》	중요 장면 설명 및 요약	그레그 씨 가족은 자신이 사랑한 거위들을 묻어 주며 잘못을 뉘우치고 죽은 거위들의 권리를 존중해 준다.
	질문	그레그 씨 가족은 거위들에게 화가 날 법도 한데 왜 자신들의 잘못을 뉘우치고 거위들을 묻어 주었을까?
《휘파람 반장》	중요 장면 설명 및 요약	마코토는 소심해서 괴롭힘을 당한다. 하지만 마코토는 다른 아이와 똑같이 다카노의 권리를 존중하며 다카노를 돕는다.
	질문	왜 마코토는 다카노가 소심하고 잘하는 것도 별로 없어 다가가기 힘들었을 텐데도 다카노를 도왔을까?
3학년 국어 교과서에 실린 〈오성과 한음〉 이야기	중요 장면 설명 및 요약	오성은 당연한 것을 모르는 권 판서에게 화를 내지 않는다. 오성이 한음과 권 판서 사이의 행복을 위해 균형을 맞추는 모습에서 교훈을 찾을 수 있다.
	질문	왜 오성은 화를 내거나 따지지 않고 균형을 맞추려 했을까?

글을 읽어보면 아이들이 학습자상을 정리할 때 사용했던 개념을 장면 설명이나 요약할 때 다시 쓰는 경우가 많다. 예를 들어, '원칙을 지키는 사람'을 '다른 사람의 권리를 존중하는 사람'이라고 생각한 아이는《요술 손가락》의 중요 장면을 그레그 씨 가족이 죽은 거위들의 권리를 존중한 것에 초점을 맞추었다. 또 질문을 만들 때는 처음부터 일반화된 탐구 질문을 만드는 것이 어렵기 때문에 먼저 3권의 책을 골라 각각의 책에서 질문을 만들게 했다.

'왜, 주어, 물음표'를 넣어 질문을 만들도록 안내하고 왜 궁금한지 자기 생각을 꼭 넣게 한다. 이런 방식으로 질문을 만들게 하는 이유는 아이들이 정리한 것에 멈추지 않고 한 번 더 생각하기를 바라서이다. 학생들이 교사가 계획한 수업의 의도대로 따라오는 것보다 질문을 통해 자기 생각을 펼치는 일이 더 중요하다고 생각했다.

다음은 4학년 학생이 《부루퉁한 스핑키》를 읽고 쓴 내용과 질문이다.

중요 장면 설명 및 요약	스핑키의 화를 풀어주기 위해 가족들은 스핑키의 마음을 상하게 하지 않고 달래주었다. 하지만 스핑키는 화를 풀지 않았다.
질문	스핑키는 가족이 달래주는데 왜 화를 풀지 않을까?

책을 고른 교사의 의도와 달리 아이들은 스핑키를 원칙을 지키지 않는, 균형이 잡히지 않는 인물로 보았다. 나는 아이들의 글을 읽으며 그들의 생각을 파악하고, 혼자 질문을 던지곤 하는데 글과 대화하는 기분이 든다. 아이들의 생각을 직접 마주하며 듣기는 쉽지 않지만 자기 경험과 입장에서 작품을 읽고 해석한 글을 살펴보며 짐작할 수 있다. 서로의 글을 읽고 친구끼리 답을 하게 하는 이유도 나와 다른 생각을 공유할 수 있는 기회를 주고 싶어서이다.

Step3 탐구 질문 만들기

다음은 3개의 질문에서 공통점을 찾는 일반화 과정을 거쳐 하나의 탐구 질문을 만들 시간이다. 어려운 과제를 해야 하는 상황에 놓인 아이들의 대처 방법은 다양하다. 어떤 아이는 한 문장 쓰고 나서 "선생님, 이거 맞아요?"라고 매번 묻는가 하면, 일단 자기 생각대로 써 나가는 아이도 있다. 생각이 안 날 때 손톱을 만지작거리기도 하고, 전에 했던 활동지를 다시 보거나 교과서나 책을 들춰본다. 자꾸 어떻게 해야 하는지 묻는 아이들에게 바로 답을 해주기보다 "너는 어떻게 생각해?"라고 물어보거나 "일단 네가 생각한 대로 써봐."라고 한다.

아이가 나름대로 글을 쓴 다음에 "맞아요?" 하고 물으면 어느 한 부분을 구체적으로 써보라고 말하지만 고민하지도 않고 바로 물어보면 대답해 주지 않는다. 스스로 더 고민하기보다 교사의 힌트를 통해 답을 찾는 아이들이 제법 많기 때문이다.

생각할 시간을 준 다음 정리 차원에서 이야기를 나누면서 '일반화'에 대해 설명했다.

"그레그 씨 가족, 마코토, 오성의 공통점이 뭐야?"

"사람이요."

"사람이라고 하면 너무 범위가 넓잖아."

교사는 하나의 수업을 계획하고 진행하지만 그 과정에서 나타나는 아이마다 사고의 층위나 속도가 달라서 당연히 결과도 다르다. 교사는 아이에게 맞는 피드백을 하고, 비계를 줘서 한 단계씩 나아갈 수 있게 돕는다.

예를 들어, 4학년 학생이 처음 만든 탐구 질문을 살펴보면 "왜 위의 등장인물들은 다른 사람을 존중했을까? 이기적이라서 존중하기 싫을 텐데."라고 썼다. 그래서 존중이라는 단어가 두 번 나오는데 다른 단어로 바꿀 수는 없는지, 누가 이기적이라고 생각하는지, 왜 그 부분이 궁금한지 물었더니 "왜 위의 등장인물들은 다른 사람을 존중했을까? 위 인물들은 약간 이기적이라서 자신만 생각할 텐데."라고 질문을 더 자세하게 수정했다.

또 다른 방법으로는 포함할 단어를 제시하고 질문을 다듬게 할 수도 있다. 다음의 글에서 5학년 학생에게 학습자상에 나온 개념을 넣으라고 했더니 처음 질문에는 쓰지 않았던 '정의감을 가지고'라는 단어를 포함했다.

왜 주인공들은 남의 존엄성과 권리를 존중할까? 자신과 다른 타인의 생각을 이해하고 배려하는 것은 힘든 일일 텐데.

→ 왜 주인공들은 정의감을 가지고 남의 존엄성과 권리를 존중할까? 자신과 다른 타인의 생각을 이해하고 배려하는 것은 힘든 일일 텐데.

자신의 탐구 질문에 답을 쓰고, 친구에게도 질문을 보여주고 답을 쓰게 한 후 공유하는 시간을 가졌다.

나의 답	주인공들은 정해진 원칙을 지켜야 한다는 생각을 가지고 행동하기 때문이다.
친구의 답	주인공들은 인간의 존엄성과 권리가 존중되어야 한다고 생각하기 때문에.

Step4 탐구 질문에 나와 친구가 차례로 구체화한 답을 쓰고 일반화하기

과거의 수업은 보통 선생님이 제시한 수업 내용을 잘 기억해서 시험지에 답을 잘 쓰게 하는 방식이었다.

'수업에서 아이들이 직접 질문을 만들고 그것의 답을 찾아갈 수 없을까?'

이런 고민을 하던 중에 아이들에게 각자 만든 탐구 질문에 대한 답을 읽었던 책의 구체적인 장면에서 찾게 해보았다. 그 과정에서도 아이마다 접근하는 방법이 달랐다. 어떤 아이는 하나의 책에서만 답변을 찾고, 다른 아이는 여러 책을 살피며 답을 찾았다. 이유를 물어보니 일반화하려면 여러 개가 있어야 더 자세하게 일반화할 수 있어서라고 한다.

5학년 학생이 자신의 탐구 질문의 답을 여러 책 속 장면에서 찾으며 구체화한 과정을 살펴보자.

탐구 질문	왜 주인공들은 정의감을 가지고 남의 존엄성과 권리를 존중할까? 자신과 다른 타인의 생각을 이해하고 배려하는 것은 힘든 일일 텐데.
《요술 손가락》을 통해 찾은 답	그레그 씨 가족은 요술 손가락을 통해 일어난 일로 잘못을 깨달아서.
《휘파람 반장》을 통해 찾은 답	마코토는 아빠의 행동을 많이 보고 아빠가 남을 배려하는 모습을 보아서 다카노를 도와야겠다고 생각하게 된 것 같다.
종합 답변	주인공들은 경험을 통해 옳은 일과 타인의 존엄성과 권리를 존중해야 한다는 것을 알게 되어서

구체화 과정을 거쳐 나온 답인 '주인공들은 경험을 통해 옳은 일과 타인의 존엄성과 권리를 존중해야 한다는 것을 알게 되어서'를 자세히 살펴보면 처음에 썼던 "주인공들은 정해진 원칙을 지켜야 한다는 생각을 가지고 행동하기 때문이다."라는 문장과 달라진 것을 알 수 있다. 책 속 구체적인 장면에서 맥락을 고려해서 다시 생각했기 때문일까? 아이에게도 왜 달라진 것 같냐고 물었더니 처음에는 책을 보지 않고 답을 바로 썼고, 뒤에서는 책에서 답을 찾아 자세히 쓴 뒤 일반화했기 때문에 달라진 것 같다고 했다.

일반화된 질문에 바로 답을 쓸 때는 책 내용에 구체적으로 들어가지 않는다. 책 속에서 답을 찾기보다 일반적인 자기 경험에서 찾게 되는 것이다. 그런데 개별적으로 책 속에서 답을 쓴 다음에 이를 종합하면 경험보다는 자신이 정리한 것에서 일반화할 수 있기에 처음 답변과 차이가 당연히 난다.

처음 답변과의 차이	처음에는 '주인공들이 정해진 원칙을 지켜야 한다고 생각해서' 라고 썼는데 나중에는 '경험을 통해 된 거 같다'고 쓴 부분이 다른 것 같다.

질문에 바로 답을 하면 일반적인 답이 나오는데 질문에 대해 다양한 맥락이나 구체적인 상황을 고려하는 과정을 거치면 아이의 말처럼 '경험을 통해'와 같은 구체적인 내용이 들어간다.

Step5 전이하기

5학년 학생은 '원칙을 지키는 사람 · 균형 잡힌 사람'을 탐구하며 '주인공들은 경험을 통해 옳은 일과 타인의 존엄성 그리고 권리를 존중해야 한다는 것을 알게 된다.'라는 일반화를 형성했다.

전이하기로 들어가니 아이는 책은 떠오르지 않지만 자신이 비슷한 경험을 한 적 있다고 말했다. 예전에 교회에서 친구들과 바자회를 통해 모은 돈이 있는데 어디에 쓸지 고민했단다. 마침 학교에서 음악회 티켓을 판 돈을 지역 복지관에 기부했던 경험이 떠올라서 바자회 수익도 친구와 함께 아프리카 어린이를 위해 기부했다는 이야기를 전해주었다.

또 '균형 잡힌 사람은 몸과 마음이 통하는 사람이다.'라고 일반화한 3학년 학생은 《조금만 조금만 더》(존 레이놀즈 가디너 지음)에서 주인공 윌리가 달리기 경주 도중 죽은 반려견 번개를 포기하지 않고 결승선까지 안고 달린 마지막 장면을 말했다. 윌리의 행동은 번개를 사랑하는 마음이 몸으로 나타난 것이라고 생각해서 윌리가 균형 잡힌 사람인 것 같다고 했다. 아이들은 자기만의 방식으로 학습자상에 대한 탐구 내용을 책과 자기 삶에서 전이하고 있었다.

Step6 성찰하기

책 속 인물에 대한 자기 생각이 학습자상과 어떻게 연결되는지, 어떤 변화가 있었는지 들여다보고 표현하는 데 초점을 둔 성찰하기 단계에서 나타난 아이들의 글을 살펴보자. 주인공의 성격이나 행동에 관심을 둔 아이도 있고, 수업 방식을 성찰한 내용도 있다.

"평소에는 책을 읽을 때 사건을 중심적으로 읽었지만 '원칙을 지키는 사람 · 균형 잡힌 사람'을 주제로 하니 각각의 책의 인물을 잘 알아볼 수 있었다. 내가 생각하기에 가장 원칙을 지키는 사람에 가까운 인물은《요술 손가락》에 나온 주인공이다. 왜냐하면 주인공 '나'가 생명의 권리와 원칙을 가장 중요하게 생각하기 때문이다."

"오성은 균형 잡힌 사람이다. 왜냐하면 권 판서의 방 창호지를 뚫고 손을 쑥 내밀었을 때 죄송하다고 용서해 달라며 예의 바르게 사과를 했기 때문이다. 나는 창호지를 뚫고 팔을 내미는 행동은 부끄러워서 하지 못했을 텐데 그 일을 걱정 없이 하는 오성이 멋지다."

"처음에는 그냥 읽었다. 그런데 원칙을 지키는 사람에 대한 것을 생각하고 그것을 책에 적용하려고 안간힘을 쓰고 나자 생각이 바뀌었다. 그냥 재미로 읽는 거랑 생각하며 읽는 거랑은 달랐다. 머리가 좀 아프긴 했지만. 무엇이 달랐냐면 주인공이 남을 존중했는지 아니면 어떤지를 생각하면서 읽으니까 그리고 질문을 직접 만드니까 생각을 더 깊이 할 수 있었다."

"원칙을 지키는 사람과 균형 잡힌 사람의 뜻을 먼저 생각해 보고 쓰기 시작하니 더 수월했던 것 같다."

아이들은 책 속 인물과 학습자상을 연결하면서 하나의 인물에 여러 학습자상의 자질이 포함되어 있다는 것을 발견하기도 하고, 인물이 가진 가치관이 어떻게 행동으로 표현되는지 보게 된다.

"다른 사람들과 행복하게 사는 방법을 아는 사람이 균형 잡힌 사람이라고 생각해요. 행복하게 사는 방법을 잘 모르는 사람도 많잖아요. 균형 잡힌 사람이라고 다 행복한 건 아닌데 행복하게 사는 사람들이 더 균형 잡힌 사람 같아요. 뭔가 흔들림이 없어 보여요."

'균형 잡힌 사람', '원칙을 지키는 사람'에 대한 아이들의 생각은 깊고 넓었다. 책으로 탐구하는 수업을 통해 다층적으로 학습자상을 이해할 수 있게 되었다. 언젠가는 문학 작품 속 인물의 다양한 특성에 대한 토론 수업을 준비해서 아이들과 해보고 싶다.

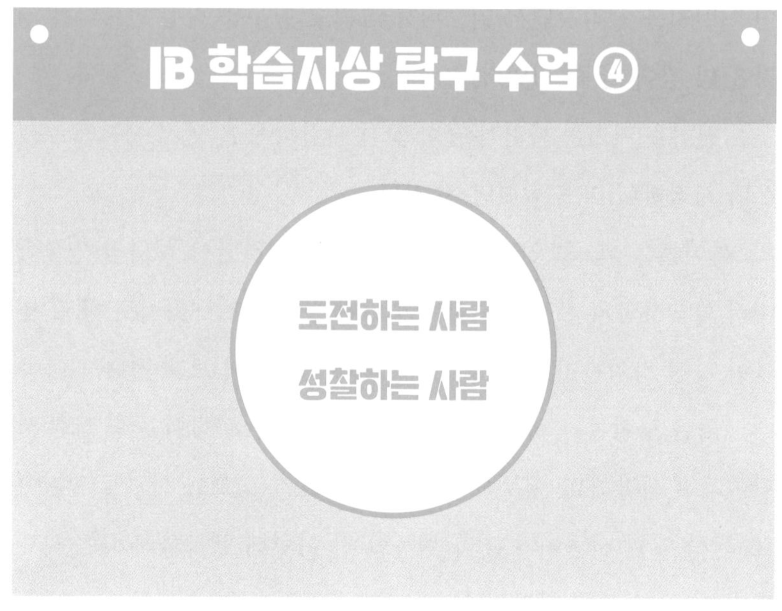

IB 학습자상 탐구 수업 ④
도전하는 사람
성찰하는 사람

IB에서 말하는 '도전하는 사람'의 뜻을 자세히 읽어보면 즉흥적인 행동이 아닌 철저하게 계획하고 의사결정을 내린 다음에 불확실성에 도전한다는 것이 특징이다. 또 혼자만의 도전이 아닌 다른 사람과 협력한다는 것을 알 수 있다. 그러면 IB에서는 '성찰하는 사람'을 어떻게 설명하고 있을까? 세상과 자기 생각 및 경험에 대해 깊이 생각한다는 내용이 첫 문장에 나와 있다. 성찰의 우선 조건은 현재 자신에 대해 생각하는 시간을 갖는 것이다.

수업에 쓸 책을 고를 때 도전과 성찰이 같이 담겨있는 책, 여자 주인공이 등장하는 책, 함께 협력해 나가는 모습이 드러난 책을 마련했다. 또 다양한 형태의 자료를 제공하려고 오디오 음성 파일을 같이 준비했다.

탐구 수업에 활용할 책 선정하기

《용감한 아이린》윌리엄 스타이그 글, 그림

아이린의 엄마는 공작부인을 위해 멋진 드레스를 만들었지만 병이 나서 가져다줄 수 없게 된다. 엄마 대신 아이린이 공작부인과의 약속을 지키기 위해 드레스를 가지고 길을 나선다. 하지만 엄청난 눈 폭풍이 몰아치고 결국 드레스마저 잃고 만다. 아이린은 눈 속을 헤쳐나오고, 상자를 타고 언덕을 내려오는 등 맞닥뜨리는 상황에서 아이디어를 생각해 내고 자신만의 방법으로 해결해 나간다.

《가출할 거야》야마구치 사토시 글, 김희정 그림

열두 살이 된 주인공 데츠로는 자신을 무시하는 부모님과 아파서 누워만 있는 할아버지 등 자신 및 주위의 모든 것이 불만스럽고 답답해서 어디로든 도망가고 싶다. 어느 날 데츠로는 스스로를 돌아보고 자신도 큰일을 할 수 있

다는 것을 보여주려고 가출한다. 한여름의 도보 여행은 힘이 들고, 그곳에서 낯선 할아버지와 함께 여행한다. 중간에 동행한 할아버지의 몸 상태가 나빠져 목적지에 도착할 수 있을지 불확실하다. 데츠로는 할아버지에게 포기하지 말라고 하고, 함께 천천히 여행을 마친다.

《굿바이 마이 프렌드》 오리하라 미토 글, 전미화 그림

초등학교 5학년 4명의 남자아이 쇼타, 아스시, 노부, 다케루는 친구의 시골 외갓집에서 잊지 못할 여름방학을 보낸다. 그때 전설의 물에 대한 이야기를 듣고 다음해에 꼭 다시 와서 모험을 떠나자고 약속하지만 6학년이 되면서 각자의 사정이 생겨 약속을 지키지 못한다. 그러던 중 혼자 모험을 떠난 다케루가 죽고 남은 세 친구는 친구와의 마지막 약속을 지키기 위해 여행을 떠난다. 어른의 도움을 받지 않고 떠난 그들은 갖가지 난관에 부딪히지만 서로 도와가며 산에 오르고, 친구가 남긴 마지막 선물을 찾는다.

2024년도 5학년 국어 교과서에 실린 〈니 꿈이 뭐이가?〉 이야기

아들만 귀하고 딸은 천대하던 1900년대 평양에서 태어난 권기옥은 처음으로 미국인의 곡예비행을 보면서 비행사가 되는 꿈을 키운다. 그러다가 나라를 위해 독립운동에 뛰어들었고 경찰의 감시가 심해지자 중국으로 떠나게 된다. 비행사가 되어 폭탄을 안고 일본으로 날아가리라는 꿈은 그곳에서 더욱 확실해졌다. 외국인이자 여성이어서 비행학교 입학은 번번이 거절되었지만 포기하지 않고 끝까지 도전해 입학한다. 권기옥은 힘든 비행 훈련을 모두 견뎌내며 우리나라 최초의 여자 비행사가 된다.

4권의 책에 등장하는 인물들을 보면 새로운 상황에서 마주하는 불확실성에 도전하는 모습을 발견할 수 있다. 또 자신과 세상에 대해 깊이 생각한 것을 바탕으로 행동하며 나아간다. 나중에 아이들의 글을 보면 '도전하는 사람'의 모습을 많이 발견한 것을 알 수 있다.

탐구 수업 기획하고 활동지 만들기

이전 수업에서는 자신이 생각하는 학습자상의 뜻을 먼저 써보고, 책 속에서 관련 내용이 나오는 중요 장면을 요약하고 의문을 갖게 했다. 이번에는 형식을 조금 바꾸었다. 중요한 장면 설명이나 요약이 없다. 대신 아이들은 '도전하는 사람', '성찰하는 사람'의 뜻을 먼저 적은 후 책 속의 인물과 학습자상을 연결해서 문장의 빈칸을 채우고 질문을 만든다.

( )는 사람은 ( ) 하는 사람이다. 왜냐하면 ( )이기 때문이다.

〈도전하는 사람·성찰하는 사람〉 수업 활동지

이름:

수업 책	1) 2) 3) 4)
'도전하는 사람', '성찰하는 사람'이란?	①
	②
문장 완성하기	( )는 ( )하는 사람이다. 왜냐하면
질문	③
문장 완성하기	( )는 ( )하는 사람이다. 왜냐하면
질문	④
문장 완성하기	( )는 ( )하는 사람이다. 왜냐하면
질문	⑤
탐구 질문	⑥ (· ·)
	⑦
답변	⑧ (나)
	⑨ (친구:)

1. 1) 2) 3) 4)는 수업에서 읽은 책 제목을 쓴다.
2. ①,②는 자신이 생각하는 '도전하는 사람', '성찰하는 사람'의 뜻을 쓴다.
3. ③,④,⑤에는 학습자상과 관련해서 완성한 문장과 책의 내용을 연결하여 질문을 만든다.
4. ⑥은 ③~⑤의 질문 3개 중 2~3개를 골라 (· ·)에 번호를 쓰고 이를 포함하는 공통의 탐구 질문을 만든다.
5. ⑦은 IB 학습자상과 관련한 개념(불확실성에 도전, 새로운 아이디어와 혁신적인 전략 모색, 변화에 맞서 굴복하지 않음, 세상과 자기 경험에 대해 깊이 생각, 자신의 강점과 약점을 이해하려고 노력)에서 관련 단어를 포함하여 ⑥을 수정해서 쓴다.

앞 질문 ⑦에 개별 답변 (구체화)	⑪ (　　　)·나)
	⑫ (　　　)·친구:　　　)
	⑬ (　　　)·나)
	⑭ (　　　)·친구:　　　)
	⑮ (　　　)·나)
	⑯ (　　　)·친구:　　　)
종합 답변	⑰ (나)
위 답변(⑰)과 ⑧과의 차이	⑱
전이하기 (다른 책이나 일상 생활)	⑲ (책 제목)
	⑳ (비슷한 경험과 반성)
성찰하기	

6. ⑪,⑫,⑬,⑭,⑮,⑯의 (　　)에는 구체화 적용 수업을 할 때 선정한 책의 번호를 쓴다.
7. ⑫,⑭,⑯ 친구:　　)에는 답변을 하는 친구의 이름을 쓴다.

탐구 수업 시작하기

Step1 학습자상과 책 속 인물을 연결하여 의문 갖기

하나의 개념을 새롭게 배울 때는 먼저 자신이 알고 있는 것을 꺼내어 표현하는 것이 중요하다. 아이들 입장에서 자신이 갖고 있던 처음 생각을 알아야 수업을 통한 배움을 성찰할 수 있고, 교사는 아이들이 어느 정도 이해하고 있는지 알아야 그것에 맞춰 수업할 수 있다.

저학년의 경우 글로 쓰기 어려우면 먼저 그 단어를 어디에서 들어봤는지 물어보면서 이야기를 나누고 글을 쓰게 했다. 고학년 아이들은 '도전하는 사람', '성찰하는 사람'은 어떤 의미인지 정리한 후 자신이 읽은 책의 인물과 연결하여 의문을 가졌다.

다음은 '도전하는 사람'에 관해 4학년 학생이 쓴 것이다.

'도전하는 사람'이란?	자기가 하기 어려운 것을 시도하는 사람
( )는 ( )이다. 왜냐하면 ( )	(데츠로)는 (도전하는) 사람이다. 왜냐하면 (자기가 하기 힘든 것을 도전했기 때문이다.)
질문	왜 데츠로는 자기가 하기 힘든 것에 도전했을까? 자기 혼자 하기 힘들면 누구와 같이하면 될 텐데. 도전하다가 다칠 수도 있는데.

4학년 학생은 '도전'이라는 단어의 뜻을 활동지에 나온 설명과 비슷하게 썼다면 6학년 학생은 자기 말로 풀어 썼다.

'도전하는 사람'이란?	아직 해보지 못한 것을 극복해내는 혹은 시도해 보는 사람
( )는 ( )이다. 왜냐하면 ( )	(아이린)은 (용기 있는) 사람이다. 왜냐하면 (엄마가 아플 때 눈이 세차게 내리는 데도 겁 없이 옷을 공작부인에게 배달해 주러 갔기 때문이다.)
질문	왜 아이린은 폭설이 내리는 데도 옷을 주러 갔을까? 그러다가 눈에 빠지거나 곰이나 위험한 것들과 마주칠 수도 있을 텐데.

두 아이의 글을 살펴보면 '도전하는 사람'에 대한 자신이 갖고 있는 개념이나 관점이 책을 읽으면서 그 인물을 판단하거나 해석할 때 그대로 적용되는 것을 알 수 있다.

많은 아이가 '도전하는 사람'에 대한 이야기를 많이 썼다. 4권 중 3권을 골라 쓰는 건데 아이마다 고르는 책은 다양했지만 대부분 책 속 인물에서 '도전'과 관련된 행동을 찾아 쓴 경우가 많다.

'성찰하는 사람'에 관해 중학교 2학년 학생이 쓴 내용을 살펴보자.

'성찰하는 사람'이란?	성찰하는 사람이란 자신이 영향을 끼친 모든 것을 되돌아보는 사람을 말한다.
( )는 ( )이다. 왜냐하면 ( )	(쇼타)는 (성찰하는) 사람이다. 왜냐하면 (자신과 사촌사가 다케루에게 했던 말을 산에 올라가면서 계속 생각하였고, 다케루가 하려고 했던 행동을 알아냈기 때문이다.)

질문	왜 생각한 것만으로도 성찰하는 사람이 될까? 다른 사람을 생각하고 자기 행동을 생각하는 것은 성찰하는 사람보다 생각하는 사람 아닐까?

'성찰하는 사람'을 고민하면서 '생각하는 사람'을 떠올렸다는 게 인상적이다. 1명의 인물에는 다양한 학습자상의 속성이 있어서 어느 하나로 규정하기 어렵다고 생각한 게 아닐까?

일반화할 때 '도전'과 '성찰'에 초점을 두도록 지난번과 형식을 다르게 해서 수업했다. 아이들에게는 책 속 주인공이 어떤 학습자상에 가까운지 생각하게 했다. 3학년 학생은 장면을 먼저 찾고 주인공의 마음을 생각하는 이전 수업보다 주인공의 마음을 먼저 찾고 이유를 생각하니 더 쉽게 느껴졌다고 했다. 또 학습자상이 드러나는 책을 고를 때도 주인공이 일을 벌인다든가 뭔가 평상시와 다른 것에 도전하거나 특별한 사건이 일어나는 장면이 있는지 떠올렸다고 했다.

아이들의 글을 읽거나 이야기를 들으면 어디에 관심이 많은지 알 수 있었다. 운동을 좋아해서 다양한 경기에 참여한 경험이 있는 한 남자아이의 글에는 온통 '도전'에 관한 이야기로 가득했다. 하나의 수업을 진행하지만 받아들이는 아이마다 관심과 수준이 달라 개별적으로 지도해야 하니 아이들의 글을 보면서 계속 고민해야 한다.

Step2 탐구 질문 만들기

다음은 '도전'과 '성찰'의 관점에서 바라본 주인공들의 모습에서 공통점을 찾아 일반화하고 자신의 탐구 질문을 만들어볼 차례이다.

처음에는 3권의 책에서 자신이 만든 의문을 합쳐서 탐구 질문을 만들고 다음에는 각각의 학습자상과 관련된 단어를 넣어 정교화한다.

그다음에는 탐구 질문에 대한 자신이 생각하는 답을 먼저 쓴다. 이어서 친구들과 바꿔 읽고 서로의 생각을 써준다. 친구의 질문에 답을 쓰려면 더 꼼꼼하게 읽게 되고 자신과 다른 친구의 생각을 비교해 볼 수 있다.

책 속 인물에 대한 3개의 질문	① 왜 아이린은 눈이 거세게 오는데도 혼자서 끝까지 가려고 할까? 나이도 어린데 날씨가 안 좋으면 위험하니 다시 집에 돌아와야 하는데. ② 왜 데츠로는 가출해서 가족들에게 변화를 보여주려고 하는 걸까? 가출을 잘못하다가 큰일이 벌어질 수도 있는데. 꼭 가출할 필요는 없는데. ③ 왜 쇼타는 다케루와의 약속을 지키기 위해 다케루가 죽었던 험한 산에 친구들과 같이 가려고 할까? 친구가 죽었으니 위험한 산인 줄 알 텐데.
탐구 질문	왜 주인공들은 다른 사람에게 변화를 보여주기 위해 위험한 것에 도전하려고 할까? 남에게 보여주려고 하다가 더 큰일이 일어날 수도 있는데.
수정 탐구 질문	왜 주인공들은 다른 사람에게 변화를 보여주기 위해 불확실하고 위험한 것에 도전하려고 할까? 더 큰일이 일어날 수도 있는데.
나의 답	주인공들은 도전을 많이 할수록 변화가 더 많이 이루어질 수 있다는 것을 알기 때문이다.
친구의 답	그래도 한 번 더 도전해 보는 것이 자기 경험에도 이득이 되기 때문이다.

Step3 탐구 질문에 나와 친구가 차례로 구체화한 답을 쓰고 일반화하기

구체화는 자신이 만든 탐구 질문에 대한 답을 다시 책으로 들어가서 찾아보는 과정이다. 예를 들어, "왜 주인공들은 다른 사람에게 변화를 보여주기 위해 불확실하고 위험한 것에 도전하려고 할까? 더 큰일이 일어날 수도 있는데."라는 탐구 질문에 대한 답을 《용감한 아이린》, 《가출할 거야》, 《굿바이 마이 프렌드》, 5학년 국어 교과서에 실린 〈니 꿈은 뭐이가?〉에서 찾아보는 것이다. 이때도 친구와 답을 바꿔 주고받았다. 도전을 많이 할수록 주인공에게 변화가 많이 이루어질 거라고 생각한 아이가 처음 쓴 답은 구체화를 거치면 어떻게 될까?

《용감한 아이린》에서 찾은 답	아이린은 아픈 엄마가 아름답게 만든 옷을 공작부인에게 꼭 가져다드리고 싶었기 때문이다.
《가출할 거야》에서 찾은 답	데츠로는 가족들이 자신을 너무 무시하는 것 같아 가출하여 가족들에게 자기도 큰일을 할 수 있다는 것을 보여주기 위해.
종합 답변	주인공들은 자신이 원하는 변화의 목표가 있기 때문에 위험하거나 힘든 상황이더라도 도전하려고 하는 것이다.

구체화 과정을 통해서 '주인공들은 자신이 원하는 변화의 목표가 있다'는 것을 찾아냈고, 스스로 찾아낸 종합 답변도 달라졌다. 맨 처음 답과 어떤 차이가 나느냐는 질문에 이렇게 답했다.

"처음에는 주인공들이 자신의 이익이나 변화를 위해 도전했다고 생각했는데 다시 책 속 맥락에서 생각해 보니 다른 사람을 도와주거나 그 목표를 위해 도전한다는 걸 발견했어요."

6학년 학생은 자신의 바뀐 답에 대해 이런 글을 썼다.

처음 답변과의 차이	처음에는 '도전'이라는 것에 대해 그냥 모험심을 갖고 새로운 것을 탐색해 보는 것이라고 생각했는데 수업하면서 우리가 자신의 변화나 원하는 목표를 위해 도전하는 정신을 가질 수도 있다는 것을 느끼게 되었다.

'도전'에 대한 생각이 달라졌다는 5학년 학생도 있었다.

처음 답변과의 차이	그냥 하지 못한 것을 해보는 것을 도전이라고 생각했는데 도전의 기준이 하지 못한 것을 해내는 것뿐만 아니라 뭘 살리려고 하는 것 하나하나마다 도전이라고 느꼈다.

아이들의 글을 읽으면서 문득 구체화 과정이 자신의 탐구에 대한 또 하나의 성찰이 될 수 있다는 생각이 들었다. 성찰하기는 사실 마지막 단계에만 진행되는 것이 아니라 학생의 탐구가 진행되는 내내 일어나기 때문이다. 또한 구체화 과정은 전이하기의 과정 중 하나인 행동하기에도 영향을 미쳐서 아이들이 자신의 생활과 더 밀착된 이야기가 나오도록 돕는다.

Step4 전이하기

이전에 읽었던 책이나 일상생활에서 일반화를 전이해 보는 단계에서 3학년 학생은 《오즈의 마법사》(라이먼 프랭크 바움 지음)에 나오는 등장인물들은 자신의 소원을 이루려고 위험한 길에 도전한다고 말했다. 《노들나루의 누렁이》(김상균 지음)를 인상 깊게 읽었던 6학년 학생은 달리기 경주에 나간 '누렁이'를 도전하는 모습으로 떠올렸다.

시험을 앞둔 4학년 학생은 도전은 힘든 일이지만 하고 싶은 일이 있다면 그것을 위해 도전하는 게 필요하다는 것을 알게 되어서 앞으로 꾸준히 공부하고 도전해 보고 싶다고 했다. 수영대회에 나간 경험이 있던 4학년 아이는 포기하지 않고 노력해서 금메달을 딴 적이 있는데 자신은 자신을 위해 도전했지만 책 속 등장인물들은 다른 사람을 위해 도전한 것 같다고 말했다.

Step5 성찰하기

책으로 탐구하는 IB 학습자상의 마지막 수업이기도 해서 이번에는 '조용한 대화'를 활용해서 마무리하는 시간을 가졌다. '조용한 대화'는 수업에서 활용하는 전략 중 하나인데 각자의 상황에 맞게 활용할 수 있다. 말하지 않고, 글로만 서로 생각을 나누는 것이 특징이다. 말하는 것을 어려워하는 친구들이 자기 생각을 편안하게 드러낼 수 있고, 다른 사람들과 자연스럽게 생각을 주고받을 수 있다는 장점이 있다.

먼저, 칠판에 지금까지 탐구했던 IB 학습자상 10가지를 썼다.

탐구하는 사람, 지식이 풍부한 사람, 사고하는 사람,

소통하는 사람, 열린 마음을 지닌 사람, 배려하는 사람

원칙을 지키는 사람, 균형 잡힌 사람, 도전하는 사람, 성찰하는 사람

아이들에게는 종이를 나누어주고 맨 위에 자신의 이름을 쓴 다음 10가지 학습자상 중 자신이 되고 싶은 사람을 쓰라고 했다.

- 이름:
- 내가 되고 싶은 학습자상은?
- 그 이유는?
- 친구의 글

여기까지 다 쓰면 말하지 않고 돌아다니면서 친구와 쓴 종이를 주고받는다. 상대방의 글을 읽고 댓글을 달아주는 것처럼 친구의 글에 자기 생각을 써준다. 이런 과정이 '조용한 대화'이다. 말하지 않고도 생각을 나눌 수 있는 새로운 경험이다.

아이들은 어떤 글을 쓰고 친구와 어떤 말을 주고받았을까?

- 이름: 신00

- 내가 가장 되고 싶은 학습자상은?

  열린 마음을 지닌 사람

- 그 이유는?

  열린 마음을 갖게 되면 사람들과 친구들의 마음을 더 잘 이해하고 마음을 잘 공감할 수 있기에 소통할 때도 다툼없이 이야기를 나눌 수 있기 때문이다.

- 친구의 글

- 열린 마음이 있는 사람은 소통을 더 잘할 수 있는 사람이고 다른 사람의 마음을 더 공감하는 사람이라는 것을 다시 한번 깨닫게 되었다.
- 열린 마음을 가지면 친구들과도 잘 어울릴 수 있다고 생각했다.

- 이름: 송00

- 내가 가장 되고 싶은 학습자상은?

도전하는 사람

- 그 이유는?

나는 엄마가 수학 실력 평가를 해보라고 해도, 수영대회를 나가보라고 해도 내가 자신 없는 것에 도전하기가 어렵다. 그렇지만 거절하는 것도 도전하는 것 못지않게 어렵다. 다른 사람이 내가 거절하는 걸 속상해할까 봐 눈치가 보인다. 거절하지 않는 길은 도전하는 길밖에 없기 때문에 난 도전하는 사람이 되고 싶다.

- 친구의 글

- 도전하는 사람은 연습을 반복해서 그것에 성공하려고 노력하는 사람이니까 무엇에 도전해 보는 건 힘든 것 같다.
- 괜찮아. 한 번 도전해 봐.
- 도전해서 성공하면 자기가 자랑스럽고 그것을 해냈다는 게 정말 기뻐.

- 이름: 이OO

- 내가 가장 되고 싶은 학습자상은?

소통하는 사람

- 그 이유는?

소통한다는 것은 남들과 자기 생각을 공유하고 자기 말만 우기지 않고 남의 생각도 들을 수 있는 사람이라서 소통하는 사람이 되고 싶다. 만약 소통하지 못하는 사람이라면 남의 생각을 잘 듣지 못하고 (않고) 자기 생각만 우기는 이기적인 사람이 될 것 같다.

- 친구의 글

\- 소통을 잘할 수 있다는 것은 남의 생각을 더 주의 깊게 들을 수 있다는 것을 깨달았어.

생각해 보면 사람들은 현재 상황에서 더 나아가고자 혹은 자기 약점을 극복하고자 스스로를 돌아보고 새로운 것에 도전한다. 도전한 후에도 지난 과정을 돌이켜보면서 다시 도전할 마음을 갖거나 어떤 점이 부족한지 살펴보는 성찰의 과정을 거친다. 즉 '도전'과 '성찰'도 한 사람의 삶에서 끊임없이 순환하며 성장을 돕는 개념이다. 아이들이 책 속 인물들의 '도전과 성찰'을 들여다보면서 조금이나마 자신을 돌아보고 생각해 볼 수 있었을 거라고 기대해 본다.

아이들의 질문으로 시작하는 수업

IB에서는 교사의 수업 전, 수업 중, 수업 후의 성찰을 무척 중요하게 생각한다. 매 수업이 끝나고 아이들의 모습이나 대화를 떠올리고 글을 읽으며 우리의 수업을 돌아보고 함께 준비한 선생님과 이야기를 나누었다. 교사의 성찰은 다음 수업의 계획과 아이들의 학습에 반영되었다.

'탐구하는 사람·지식이 풍부한 사람·사고하는 사람' 수업에서는 각각의 장면에서 개념을 잡아 1개의 공통 질문을 만들었는데 수업이 끝나고 확인한 아이들의 질문이 막연하고 광범위하다고 생각했다. 그 이유는 아직 아이들이 공통의 질문을 만드는 과정에 익숙지 않기 때문이었다. 다음 수업에서는 아예 장면을 찾을 때부터 '소통', '열린 마음'과 같은 개념이 들어간 장면을 찾도록 구체적으로 제시하고 각각의 장면마다 질문을 만들어서 그 질문을 합치도록 지도했다.

이어서 '원칙'이나 '균형'이라는 단어는 아이들이 이해하기에 어렵다고 생각했기 때문에 학습자상을 설명하는 몇 개의 단어를 알려주고 참고해서 뜻을 정리하게 했다. 또 구체화하기 전과 후의 일반화된 답의 차이를 아이들이 생각해서 작성하는 과정을 추가했다. 구체화를 통해 자기가 쓴 일반화가 어떻게 달라지는지 스스로 경험하도록 하기 위해서였는데 결과적으로는 일반화가 조금 더 구체적으로 된 것을 확인할 수 있었다.

마지막 '도전하는 사람·성찰하는 사람' 수업에서는 학습자상에 더 초점을 두었다. 처음에 교사는 아이들이 일반화 문장을 만들 때 '원칙을 지키는 사람은 ~' 형식으로 주어에 학습자상이 나오기를 바랐다. 그런데 대부분의 아이는 '주인공은 ~, 사람들은 ~'으로 문장을 시작했다. 그래서 활동지에 '(　　)는 (　　)하는 사람이다'라고 구체적으로 제시하고, 빈칸을 채우도록 했다. 이렇게 하니 아이들이 훨씬 더 학습자상에 맞는 내용을 책 속에서 찾아 쓰고 질문을 만들었다.

전체적으로 수업의 큰 방향은 아이들이 구체적인 형태가 들어간 일반화를 할 수 있도록 하는 것이고, 매 수업의 초점은 이전 수업에서 나타난 아이들의 반응에 따라 바꾸어 갔다. 그래서 아이들이 쓴 글이나 수업 태도를 유심히 관찰하는 게 중요하다. 일반화를 할 때 유난히 오래 머뭇거리거나 이해가 되지 않는 표정을 지을 때 혹은 책 내용 자체를 어려워하는지 등을 살펴본다. 교사는 수업을 계획하지만 실제로 수업을 움직이고 만드는 것은 아이들이다. 고정되고 정형화된 수업이 아니라 아이들의 질문과 탐구에 따라 수업이 움직인다.

그래서 활동지 구성이 달라지는 건 자연스럽다.

만약 수업을 다시 한다면 한 학기에 하나의 학습자상, 이를테면 '도전하는 사람'을 정해서 수업을 시도하고 싶다. 책에서만 도전하는 사람이 어떠한지 파악하는 것이 아니라 내가 '도전하는 사람' 역할을 맡는다면 책을 읽고 공부하는 것부터 달라질 것이고, 또 일상의 문제도 다르게 접근하게 될 것이다. 또 탐구 수업을 다시 한다면 여전히 아이들이 직접 만든 질문으로 수업을 시작하고 이끌어가도록 지원하고 싶다. 교사가 학습 목표나 질문을 제시하고 수업을 끌고 나갈 때와 아이들이 만든 질문으로 수업을 이어가는 경우 수업에 참여하는 태도나 주도성, 집중도가 다를 것이다.

그리고 탐구 수업의 단계에서도 보통 탐색하고 조사, 정리하고 실행하고 성찰하는데 이 순서를 바꿔서 성찰하기부터 시작하는 것도 흥미로울 것 같다. 성찰하기로 시작한다면 교사가 관련 자료를 확보하는 것이 쉽지 않겠지만 아이들의 경우 성찰하기는 대체로 학교와 집 관련 내용이 나올 것이므로 아이들 자신의 문제로부터 접근할 수 있다는 장점이 있을 것이다.

3

IB 탐구 수업을 위한 문해력

부

INTERNATIONAL BACCALAUREATE

개념적 질문을 할 수 있으려면

문해력이 부족한 아이들

아이들이 쓴 일반화 그리고 전이하기와 성찰하기는 기존 수업에서 배우는 '사실적 지식'만으로 나온 것이 아니다. 책마다 중요한 장면에서 핵심 개념을 찾고 이를 탐구 질문으로 만들고 여러 자료를 종합해서 생각을 일반화된 답변으로 정리한 것이다. 이렇게 하면 다른 책에서, 또 경험에서 그 생각을 전이할 수 있다.

이를테면 '탐구하는 사람 · 지식이 풍부한 사람 · 사고하는 사람' 학습자상 수업에서 여러 동화를 읽고 '주인공은 자기와 관련이 없어도 도움을 받는 사람을 배려해서 도움을 준 것 같다.'라는 일반화 문장을 만든 아이가 있다. 아이는 다른 책이나 일상의 상황에서 자신과 관련이 없어도 '배려심'이 있어서 도움을 줄 수 있다고 판단하고 어떻게 배려심을 배울 것인지 고민할 것이다. 그래서《아름다운 아이》라는 책에서 '서머는 어거스트가 따돌림을 당할 때 같이 놀고 급식을 함께 먹는' 장면을 찾았고, 비슷한 경험으로는 '학교에서 친구를 놀리는 아이들에게 하지 말라고 이야기한' 경험을 쓴 것이다.

그렇지만 다시 살펴보면 그런 일반화가 이번 수업을 통해서 배운 것인지 의문이 든다. 가정이나 학교생활에서 '배려하는 마음을 가져야 한다'는 교훈을 자주 들었을 것이고 그래서 쉽게 일반화한 것이 아닌가 하는 생각이 들기 때문이다.

다른 이들에게 도움을 주는 이유는 여러 가지가 있다. 문장을 쓴 아이는 주인공이 도움을 준 사람들과 관련이 없다고 했지만 주인공과 다른 등장인물은 주인공의 형제이거나 학급 친구이고, 또 힘들어하는 백성이었다. 즉, 인물 관계라는 측면에서 주인공은 다른 등장인물을 자신이 챙겨줘야 할 가까운 사람으로 생각했을 수도 있다.

또 도움을 받는 사람을 배려한 이유도 더 구체적으로 정리할 수 있다. 수업에 참여한 아이는 '혼자 할 수 있는 일이 별로 없어서 도와주어야 하므로', '다른 사람들의 행동이 옳지 않다고 생각해서'라고 썼는데 그런 이유라면 주인공이 차별이나 불편을 겪는 사람을 배려할 수 있다고 볼 수 있는 것이다.

일반화 문장을 다시 만든다면 구체적인 이유를 포함해서 '주인공은 어떤 이유로 인해 즉, 나와 가까운 사람이어서 또는 불편을 겪는 사람이어서 그들을 배려하는 사람'이라고 정리하는 것이 낫다.

그래서 '원칙을 지키는 사람 · 균형 잡힌 사람' 학습자상 수업부터는 탐구 질문에 대한 답을 각각의 책에서 찾는 구체화 과정을 더욱 강조했다. 이를테면 '왜 주인공은 정의감을 가지고 남의 존엄성과 권리를 존중할까? 자신과 다른 타인의 생각을 이해하고 배려하는 것은 힘든 일일 텐데'라는 탐구 질문에 대한 답을 각각의 책에서 찾아 쓰게 한 것이다.

그러자 아이는 답변을 더욱 구체화했고, 답변을 종합해서 '주인공들은 경험을 통해 옳은 일과 타인의 존엄성과 권리를 존중해야 한다는 것을 알게 된다.'라고 정리했다.

처음 답변에는 '주인공들은 정해진 원칙을 지켜야 한다는 생각을 가지고 행동한다.'처럼 기존에 갖고 있던 지식을 바탕으로 답변을 쓰는 경우가 많다. 즉 구체적인 사실을 제대로 파악하지 못하거나 그런 사실이 많지 않다면 결국 자신의 배경지식으로 막연하게 답하는 것이다.

《개념 기반 교육과정 및 수업》(린 에릭슨 외, p.18)에서 저자는 '저차원의(사실적 · 기능적) 사고와 고차원의(개념적) 사고 사이의 시너지'를 만들어낼 수 있도록 수업을 설계해야 아이의 지적 능력을 발달시키고 학습 동기를 유발한다고 강조했다. 수많은 주제와 기능만 가르치는 2차원적인 방식으로는 부족하고 개념적 단계에서 단편적인 정보를 연결할 수 있어야 한다는 것이다. 학생들이 저절로 통합적 개념을 표현하기를 기다리지 말고 '개념적 질문'을 할 수 있도록 가르쳐야 한다고 했다. IB 교육 또한 '명시된 개념', '추가 개념', '중심 아이디어'처럼 학생의 '개념적 이해'를 강조하는 형태로 고차원의 개념적 사고를 가르치면 시너지 효과가 생긴다고 여겼을 것이다.

그런데 IB 교육이 확산되면서 초등학생 중에서 학습 의욕이 높지 않은 또는 스마트폰의 사용으로 학습 능력이 크게 떨어진 아이에게 '개념적 이해'를 위한 수업을 진행할 때 단단한 벽이 서 있는 현실에 맞닥뜨리게 된다.

다양한 상황의 아이들이 모여있으면 사실적, 기능적 사고가 약하고, 구체적인 경험이 충분치 않고, 문해력이 부족한 아이도 있기 때문이다. 다시 말하면, 한 가지 사실을 파악하는 것도 쉽지 않은데 2~3가지 비슷한 사실을 비교, 분석, 통합하는 것은 학습 능력이 떨어지는 아이들에게 어렵다. 또 이를 새로운 상황에서 전이 가능한 일반화된 형태로 파악하기가 더욱 어려울 것이다. 더구나 이를 쉽게 설명해 준다고 해도 교사의 말을 이해할 만한 문해력이 부족하다면 무엇부터 시작해야 할지 판단하기 쉽지 않다.

일반화 수업이 쉽지 않은 이유

우리나라 학생들한테 일반화 수업이 가능한지, 가능하지 않다면 어떤 점을 보완해야 할지 구체적으로 살펴보자. 앞에서 언급한《개념 기반 교육과정 및 수업》(p.128) 저자가 소개한 외국의 초등학교 4학년 수업을 예로 들어보자. 우리나라 학생들이 이와 비슷한 수업을 하는 것이 가능할지, 가능하지 않다면 어떤 점을 보완해야 할지 생각하기 위해서이다. 사회와 영어 두 교과가 통합된 수업 단원의 제목은 '세상을 바꾼 리더-평등을 위한 투쟁'으로, 단원의 일반화는 '강한 신념은 평등을 위해 투쟁하는 리더를 낳는 행동을 이끈다'이다. 물론 일반화는 아이들에게 미리 알려주지 않는다.

아이들은 평등을 위해 싸웠던 리더들, 예를 들면 넬슨 만델라, 테레사 수녀, 마하트마 간디, 세자르 차베스, 말랄라 유사프자이, 교황 프랜시스에 관한 책을 읽어야 한다. 간디 관련 2권, 교황 프랜시스 관련 2권, 말랄라 유사프자이 관련 2권, 테레사 수녀 관련 2권, 세자르 차베스 관련 3권, 넬슨 만델라 관련 3권 총 14권이라는 많은 책을 읽어야 한다. 교사는 여러 차례 모둠 토론을 하게 한 다음 각 모둠에 '평등을 위해 투쟁하는 리더, 신념, 행동 간 관계에 대해 일반화된 문장을 제시하라'고 한다.

우리는 이와 비슷한 수업을 한 경험이 없기 때문에 외국의 사례를 방법뿐만 아니라 관련 자료까지 그대로 적용해서 우리 아이들이 어떻게 수업할 수 있는지 예상해 본다.

외국의 초등학교 4학년 사례의 경우 일단 읽어야 할 책이 너무 많다. 그리고 아이들은 인물에 관한 책을 읽고 핵심 내용을 파악해야 한다. 이것도 수준이 낮은 아이에게는 쉽지 않다. 게다가 핵심 내용은 각각의 책이 갖고 있는 초점이 아니라 단원의 제목에서 제시한 대로 '세상을 바꾼 리더'라는 관점에 맞춰 책을 통합해서 읽어야 한다.

학습자상 수업에서도 알 수 있었듯이 하나의 관점에서 책을 읽어내기가 상당히 어려울 것이다. 더구나 리더라고 하면 우리 아이들의 경우 이순신 같은 전쟁 영웅이나 경제를 성장시킨 기업가가 익숙하기에 평등을 위해 투쟁하는 리더의 특징을 파악하기 쉽지 않을 것이다. 왜냐하면 국가를 지키거나 경제를 성장시키려는 리더와 사회 불평등을 해결하기 위해 투쟁한 리더는 매우 다를 것이기 때문이다.

또 교사가 책에 나온 대로 '강한 신념은 평등을 위해 투쟁하는 리더를 낳는 행동을 이끈다'라는 일반화를 말하면 우리 아이들은 납득하기 어려울 것이다. 왜냐하면 IB 교육은 국제적 소양을 갖춘 리더를 키우는 과정이기에 IB 학생들은 리더로 성장하기 위해서는 무엇이 필요한지 궁금해할 수 있다. 그렇지만 우리 아이는, 적어도 일부는 '자신은 리더가 아니라고 하거나 특히 투쟁하는 리더는 되고 싶지 않다.'라고 생각할 수 있다. 요즘에는 자신을 희생하면서 민주화 운동에 참여하는 것이 바람직하지 않다고 글을 쓰는 아이도 있기 때문이다.

독서 수업에서 몇몇 아이들이 쓴 글을 살펴보자.

그저 상황을 지켜만 보고, 오히려 시위하는 대학생들을 비난하기도 하던 어른들과는 달리 대학생들은 잘못된 세상을 바꾸고자 열심히 노력했던 것이다.

6학년 학생은 이리역 폭발 사고와 5.18 민주화 운동이 배경으로 나오는《기찻길 옆 동네》(김남중 지음)를 읽고 책의 주제와 비슷하게 썼다. 그러나 다른 의견을 쓴 중학교 1학년 학생도 있었다.

시위는 잘못된 것이라고 볼 순 없지만 자신의 목숨을 아끼는 것이 내 생각에는 먼저인 것 같다. 미래는 모르는 것인데 그렇게 맞서다가 죽는 것은 안 좋을 것 같다.

이 아이는 투쟁하는 리더가 되고 싶지 않다고 생각할 것이다. 그렇기에 우리나라 아이들은 교사가 제시한 일반화에 동의하지 않거나 곧바로 질문을 할 수 있다.

"강한 신념이 가장 중요한 요인인가?"

"평등이 아니라 히틀러같이 차별을 당연시한 리더는 강한 신념이 없다는 말인가?"

"그들의 투쟁으로 정말 세상이 바뀌었나?"

《지식론-IB 디플로마를 위한 코스 가이드》(웬디 헤이돈 외 지음, p.35)를 보면 '우리는 각각 DNA와 인생 경험, 살고 있는 시대와 장소, 자신이 속한 부족과 지식 공동체, 자신이 말하는 언어, 자신을 둘러싼 세계를 보는 관점과 세계를 서술하는 방식, 이 모든 것의 독특한 결합체'라고 했다. 그렇기에 어떤 문화, 특정 계층에서 일반화된 내용을 다른 문화나 계층에 적용하는 것은 매우 조심스러울 수밖에 없다. 그렇다면 교사는 IB 학교의 학생과 다른 상황이나 문화에 속하는 우리 아이들에게 맞게 일반화 방향을 다르게 접근해야 하는데 이것 또한 쉽지 않다.

하지만 그보다 근본적인, 기초적인 문제는 많이 읽어야 한다는 점이다. 그렇기에 개념 기반 교육과정에서 말하는 일반화 수업을 하려면 학생들이 다음과 같은 학습 능력을 갖추고 있다고 전제해야 한다.

첫째, 관련 탐구 자료를 대부분 읽어야 한다. 둘째, 이것을 주제 또는 개념으로 제시한 관점으로 통합할 수 있다. 셋째, 일반화를 하기 위해 교사가 설명하는 내용과 관점을 이해할 수 있다. 이 세 가지 능력을 갖추고 있지 않다면 아이들의 일반화는 막연하게 나타날 것이다.

단편적인 정보나 사실적인 지식을 이해하지 못한다면

IB 교육에서도 이런 현상을 잘 알고 있다. 국내 IB 학교에서 개념 기반 탐구 수업을 진행하면서 겪는 어려움 중 하나가 아이들이 만든 일반화가 너무 광범위하거나 명확하지 않다는 점이다. 그래서 아이의 사고 수준을 높이기 위해 '어떻게', '왜' 또는 '그래서 어떻다는 거지?' 형태로 질문하라고 권한다.

예를 들어, 아이들이 '자연재해는 우리 생활에 영향을 미친다.'로 일반화를 만들었을 때 교사가 "어떻게 영향을 미치냐?"라고 질문한다. 그러면 아이들은 '자연재해는 우리 삶에 피해를 준다.'라고 고친다. 교사가 다시 "그래서? 그것이 어떤 피해를 주지?"라고 질문하는데 모범생이 아니라면 '어떻게', '왜', '그래서' 등의 질문을 계속했을 때 실제 수업에서 아이들은 무척 피곤해한다.

그러면 지식이 부족하거나 문해력이 부족한 아이한테는 어떻게 접근해야 할까? 일반적으로 자주 얘기하는 것은 배경지식이다. 이찬승(교육을 바꾸는 사람들 대표)은 '개념적 이해에 이르기 위해서는 지식과 기능의 뒷받침이 필수적이다. 사실적 지식과 기능이라는 받침대 없이는 개념이나 개념적 아이디어를 이해할 수 없다'라고 했다. 이러한 배경지식 또한 이해할 수 있는 능력이 있어야 하는데 단편적인 정보나 분절된 지식을 가르치는 기존 수업도 이해하지 못하는 아이들이 점점 많아지고 있다.

정보나 지식을 연결하거나 통합할 수 있는 개념이 없어서 개별적인 지식을 이해하지 못한다고 볼 수도 있겠지만 다르게 보면 단편적인 정보나 분절된 지식을 받아들일 수 있는 문해력이 부족하고, 자신이 알고 있는 것을 표현해 본 경험이 별로 없어서 그렇기도 할 것이다. 어떤 아이들에게는 아마도 교과서를 이해하는 것조차 어려울 수 있다.

이런 고민을 바탕으로 IB 교육에서 추구하는 '개념적 이해'를 위한 기본적인 문해력을 어떻게 기를 수 있는지 실제적인 방법을 살펴보자.

아이 수준에 맞는 문해력 기르는 방법

많이 읽고 많이 써야 한다

우리나라 교육과 IB 교육의 차이를 보면 먼저 교과서의 유무를 들 수 있다. 국제학교의 IB 교육에서는 과목별 교과서가 따로 없고, 탐구 주제에 따른 다양한 책과 탐구 자료를 제공한다. 물론 수학이나 문해력 워크북을 별도로 사용하는 경우도 있다. 반면 우리나라 일반 학교에서는 학생을 위한 교과서와 교사를 위한 지도서와 자료가 제공된다.

물론 교과서도 하나의 잘 정리된 탐구 자료 중 하나이다. 단, 분량이나 내용에 있어서 우리가 사용하는 교과서는 원문의 내용을 요약하거나 일부를 싣는 경우가 많다. 온 책 읽기 수업이 진행되기도 하지만 원문 그대로의 긴 책을 읽는 경험이 상대적으로 적다. 주로 교과서 속 짧은 내용을 분석하고, 다른 지식과의 연결이나 통합보다는 독립적인 과목으로 진행된다.

주입식 교육이 줄어들었다고 해도 가르쳐야 할 지식이 많아 진도에 늘 쫓기기 때문에 아이들이 자기 생각을 표현할 기회가 여전히 적다. 이런 아이들에게 개념적 사고를 가르치고 시너지 효과를 기대하려면 개념을 익히는 학습 이전에 문해력이 필요하다. 그런데 저학년이나 학습 능력이 떨어지는 아이의 경우 가정에서 배경지식이나 문해력 등을 가르쳐주면 좋겠지만 오히려 그런 가정일수록 아이 공부에 관심이 없고 거꾸로 '학교에서 다 해주는 것 아닌가요?'라고 묻는다.

그렇다고 학교에서 아이들에게 이미 문해력이나 개별적인 지식이 있다고 전제하고 가르칠 수 없다. 덧셈, 뺄셈도 모르는 아이에게 곱셈을 자세하게 설명해 준다고 해결되지 않는 셈이다. 마찬가지로 기본적인 읽기가 되지 않는 아이에게 교과서 내용을 이렇게 독해하라고 방법을 가르쳐준다고 해서 그 아이가 내용을 이해할 것으로 기대하지 못한다. 교사가 개념적 사고나 일반화를 가르치기 위해 아무리 준비를 많이 했더라도 아이는 당연히 이해하지 못할 것이다.

개념적 이해를 목표로 삼더라도 지식과 기능을 가르쳐야 하고, 그것을 이해할 수 있는 문해력과 집중력 등도 연습시켜야 한다. 방법은 어떻게 보면 간단할 수 있다. 바로 '많이 읽고 많이 쓰는 것'이다.

읽고 쓰기가 습관이 된 사람들은 의지나 의욕만 있으면 많이 읽고 많이 쓸 수 있다고 이야기한다. 하지만 읽고 쓰기가 습관화되지 않은 사람은 어떻게 하면 좋은지 묻는다. 아이들 역시 어떤 환경이나 방법을 통해 '많이 읽고 많이 쓰는' 습관을 기를 수 있는지 알지 못한다. "재미없어요.", "지루해요.", "어떻게 쓰는지 몰라요."라고 말한다. 심지어는 "생각하면서 쓰라고 하는데 생각하는 걸 배운 적이 없어요."라고 말하는 고등학생도 있었다. 어떻게 쓰고 어떻게 읽어야 사고력과 문해력을 기를 수 있고 일반화하는 데 도움이 되는지 알아보자.

높은 문해력을 바탕으로 한 사고루틴 글쓰기

요즘 초등학생 부모의 대부분은 자녀가 읽기는 어느 정도 하는데 쓰기를 못 한다고 걱정한다. 일기를 보면 일어난 일만 나열하거나 별생각 없이 쓰거나 쓰는 것을 너무 싫어해서 억지로 짧게 쓴다고 한다. 학부모를 대상으로 강의할 때 쓰기를 어떻게 가르치면 좋을지에 대한 질문이 많았다.

부모들이 단기간에 효과를 보았다는 방법을 찾는 것은 아니라고 해도 성취 기준이 높거나 우수한 사례를 염두에 두고 자녀에게 맞는 방법을 요구한다. 그렇지만 널리 알려지거나 효과를 보았다는 방법은 대체로 수준이 높거나 학년이 높은 아이에게 적합할 가능성이 크다. 당연히 이들은 책을 잘 읽을 것이고, 기본적인 독해력도 있을 것이다. 이를테면《생각이 보이는 교실》(론 리치하트 외 지음)의 21가지 사고루틴을 활용하여 자기 생각을 드러나게 하고 글을 쓰게 하면 놀라운 결과가 나온다.

책에 나온 사례를 살펴보자. 아이디어 도입과 탐구에 유용한 루틴 7가지 중 하나인 '3-2-1 다리'*는 핵심 개념이나 주제에 대해 3개의 단어, 2개의 질문, 1개의 은유나 직유를 만들고 관련 자료를 읽거나 동영상을 본다. 그 후에 다시 '3-2-1 다리' 사고루틴을 적용하고 처음에 만든 것과 무엇이 다른지 토론한다.

'3-2-1 다리' 사고루틴 전략을 사용한 사례로 호주 멜버른의 한 초등학교 3학년 아이들이 자신이 살고 있는 도시에 관해 공부하는 내용이 나온다. 도시를 형성하는 과정에서 이민자의 역할에 대해 더 잘 알기 위해 지리와 역사 여러 측면을 두고 토론했다. 학생의 부모들 다수가 이민자였기에 자기 부모를 언급하면서 진행했다.

이 무렵 호주 언론은 참혹한 상황 속에서 작은 보트를 타고 해안에 도착한 난민들에 대해 보도했다. 아이들은 '3-2-1 다리' 사고루틴을 활용했다. 학생들의 응답, 특히 은유는 "그들이 난민 문제의 복잡성을 어떻게 대하는지 보여주었다."라고 평했다. 학생들은 "난민은 여우에게서 도망치려고 깡충깡충 뛰는 토끼와 같다.", "난민은 바람과 같다.", "난민은 집 없는 방랑자이다." 등으로 답했기 때문이다.

또 아이디어를 종합하고 체계화하는 루틴 중 '4C: 연관성, 도전,

* 론 리치하트 외 지음,《생각이 보이는 교실》, 최재경 옮김, 사회평론아카데미, p122~130

개념, 변화'를 살펴보자.* 이것은 글을 읽고 난 후 '글과 다른 학습 또는 여러분의 삶과 어떤 연관성이 있는가?', '글에서 어떤 아이디어나 입장, 가정에 대해 도전하거나 논쟁하고 싶은가?', '글에서 중요하고 유지할 가치가 있다고 생각하는 핵심 개념이나 아이디어는 무엇인가?', '읽고 나서 여러분이나 다른 사람에게 태도, 사고, 행동에서 어떤 변화를 제안하는가?'를 생각하고 학생들끼리 사고를 공유한다.

《구덩이》(루이스 새커 지음)의 주인공 스탠리는 어느 날 하늘에서 떨어진 운동화 한 켤레 때문에 억울한 누명을 쓰고 사막 한가운데에 있는 소년원에 갇힌다. 여기에 갇힌 아이들은 이유도 모른 채 매일 구덩이를 1개씩 판다. 스탠리는 여기서도 차별을 받지만 제로와 친구가 되며 어려움을 극복해 나간다.

이 책을 읽고 5학년 학생들이 4C 루틴을 사용해 쓴 내용을 살펴보자.

연관성 : 집에서 나는 내가 하지도 않은 일로 꾸지람을 듣지만 대개 내 사정을 설명하지 않는다. 스탠리처럼 나는 언제나 잘못된 시간에 잘못된 장소에 있을 뿐이다!

도전 : 모든 사람이 제로가 '아무것도 아니다'라고 생각했지만 제로는

* 론 리치하트 외 지음, 《생각이 보이는 교실》, 최재경 옮김, 사회평론아카데미, p190~198

스탠리 말고는 아무에게도 실제 모습을 보여주지 않았다.

개념 : 시도, 우정, 인내, 결단력, 친구에게 도움 주기

변화 : 책을 절반쯤 읽었을 때야 제로가 백인이 아니라는 것을 알았다.

만약 문해력이 약해서 '제로가 스탠리 말고 다른 사람에게 자기 모습을 보여주지 않았다'는 점을 책 속에서 읽어내지 못한 아이라면 '도전'을 위와 같이 쓰지 못했을 것이다. 또 '제로가 백인이 아니라는' 것을 친구가 쓴 다음에야 알았다는 아이도 많을 것이다. 사고루틴 글쓰기가 가능하기 위해서는 이처럼 문해력이 높아야 할 뿐 아니라 어쩌면 비슷한 사회 환경이나 경험이 바탕이 되어야 한다.

자기 생각을 덧붙이면서 의문 갖고 쓰기

사고루틴 방법은 다양하고 폭넓게 생각하는 데 도움이 되지만 사전 지식이 많지 않고 독해를 제대로 못 하는 아이는 오히려 헷갈릴 수 있다. 더구나 사고루틴을 교사가 설명하기가 쉽지 않은데 교사의 설명을 제대로 이해하지 못하는 아이라면 오히려 글을 쓰지 못할 가능성이 높다. 문해력이 낮은 아이나 저학년에게는 단순한 방식을 적

용해서 많이 써보게 해야 한다.

많은 아이가 독후감을 쓸 때 책을 읽게 된 동기를 쓴 후 이어서 줄거리를 길게 쓰고 교훈이나 반성을 붙이는 패턴으로 글을 쓴다. 이런 식으로 글을 쓰면 생각이 커지기 어렵고 또 글 쓰는 일에 흥미를 잃는다.

《들키고 싶은 비밀》(황선미 지음)을 읽고 4학년 학생이 '나는 거짓말 하지 않아야겠다고 깨달았다.'라고 쓰면서 마무리한 적이 있다. 아이한테 "너는 이 책을 읽기 전에는 방금 쓴 내용을 몰랐던 거야?"라고 물었다. 아이의 글을 보고 바로 묻는 경우는 드문데 이 아이는 글을 성의 없이 쓴 듯해서 질문했다. 책을 읽기 전과 읽은 후 네 생각이 달라진 점을 써보라고 했더니 '불안한 마음보다 차라리 들키는 게 낫다.'라고 고쳐 썼다.

물론 책 1권 읽는다고 자기 생각이 달라지진 않을 것이다. 그래서 주로 의문을 갖게 한다. 사신이 중요하게 생각하는 장면 또는 감동한 장면을 짧게 요약한 후 의문을 갖거나 줄거리를 쓰고 자신이 쓴 내용에 의문을 갖게 하는 방법이다. 이렇게 하면 자신이 정리한 내용에 의문을 갖기 때문에 생각이 확장되거나 심화할 가능성이 생긴다.

하지만 의문 형태만 취하면서 형식적으로 하는 아이도 많고 또 책에 나오는 장면에 '누구', '무엇', '어떻게'로 물으면서 쉽게 답을 찾는 경우도 많다. 그래서 초기에는 '왜 누구(등장인물)는 ~할까?'로 묻게 하고, 왜 자신이 그런 의문을 가졌는지, 궁금한 까닭을 스스로 생각하게 한다.

이를테면《사라진 세 악동》(송언 지음)이라는 동화를 읽고 아이가 '왜 세 악동은 가출했을까?'라는 의문을 가졌다면 왜 그것이 궁금한지 생각을 더 쓰게 한다. 많은 아이가 '가출보다 더 좋은 방법이 있는데', '나라면 가출하지 않을 텐데'라고 쓰거나 심지어 '부모님에게 솔직하게 말하면 되는데'라는 대안을 제시하기도 했다.

다른 독서 지도법에 보면 '나라면', '만약에'라고 가정해서 생각하는 것을 추천하는 경우가 많은데 이런 생각은 책에서 벗어날 가능성이 높다. 책에서 벗어나는 생각을 허용한다면 아이들은 책을 대충 읽고 거기에 나오는 한두 장면이나 인물에 관해 자기 경험을 바탕으로 글을 쓴다. 이런 경우 스스로 책을 잘 읽은 것으로 착각하고, 그 경험이 쌓이면 책을 대충 읽는 습관이 생길 수 있기 때문에 문해력이 높아지기 어렵다.

일반적으로 책에 나오는 시공간이 내가 속한 시공간과 다르고 등장인물의 성격과 내 성격도 다르기 때문에 내 입장에서 생각한다면 책의 시공간에서 벗어나거나 등장인물의 성격과 다르게 나온다. 교사는 책의 중요한 내용을 알기 때문에 이를 바탕으로 '나라면', '만약에'를 활용해 사고를 전개해도 책 내용에서 벗어나지 않는다. 하지만 사고력이 약한 아이들은 본인의 경험을 바탕으로 주인공이 마치 어리석거나 부족해서, 미처 생각하지 못해서 그런 행동을 했다고 비판적으로 쓰는 경우가 많다.

이때는 '더 좋은 방법'이나 '나라면'이라는 표현에는 자기 생각이 드러나지 않았으므로 더 좋은 방법이 '무엇'이라고 생각하는지,

나라면 '어떻게' 할 것인지 생각을 드러내서 그 생각을 덧붙이는 것이 좋다고 말해준다.

앞의 의문에 여러 아이가 쓴 생각을 종합하면 다음과 같이 정리할 수 있다.

가출하면 춥고 배고플 텐데.

가출하면 위험할 텐데.

가출하면 부모님이 걱정하실 텐데.

가출한다고 문제가 풀리지 않는데.

가출해도 결국 집에 돌아오고 더 혼날 텐데.

이러한 생각을 겉으로 끄집어내서 의문을 완성하게 한다. 이를테면, '누구(등장인물)는 왜 가출했을까? 가출하면 춥고 배고플 텐데', '누구(등장인물)는 왜 가출했을까? 가출하면 위험할 텐데' 등으로 말이다. 이런 표현에는 아이가 갖고 있는 가출에 대한 생각이 드러나 그 생각을 글로 정리할 수 있게 된다.

그렇지만 자기 생각을 끄집어내는 것은 생각보다 매우 어렵다. 그래서 형식은 자기 생각이지만 내용은 앞의 의문에 나온 생각을 반복해서 쓰는 아이도 있다.

3학년 학생은 '도전하는 사람 · 성찰하는 사람' 학습자상 수업에서 《굿바이 마이 프렌드》를 읽고 "다케루는 자기가 하기 힘든 것에 왜 도전했을까?"라는 의문을 가졌다. 여기에 '자기가 하기 힘들면 하지 않아도 될 텐데'라고 자기 생각을 썼다. 질문의 내용을 반복해서 풀어썼을 뿐 새롭게 추가되는 내용이 없다. 그래서 다시 쓰라고 했더니 '자기가 하기 힘들면 누구와 같이하면 될 텐데'로 썼다. 이것 역시 책의 내용과 상관없이 자신이 대안을 제시하는 것이다. 그러자 다음에는 '도전하다가 다칠 수도 있는데'로 고쳐 썼다. '도전하는 사람'이 바람직한 학습자상이라고 배우고 있지만 아이는 '도전하다가 다칠 수도 있다'는 생각을 갖고 있어 불편했을지도 모른다. 이렇게라도 자기 생각을 드러내고 교사로부터 인정을 받았기에 '도전'이라는 목표를 덜 부담을 갖고 받아들일 수 있을 거라고 생각한다.

5단계 줄거리 쓰고 의문 갖기

동화를 읽고 독후감이나 독후 활동으로 줄거리를 쓸 때 그냥 무작정 쓰는 것보다 5단계로 쓰는 편이 낫다. 흔히 줄거리 5단계는 발단-전개-위기-절정-결말을 뜻하는데 이보다 낮은 단계, 즉 사실적 독해를 요구할 때는 머릿속으로 책을 5등분 해서 쪽수가 비슷하게 적으라고 요구한다. 물론 책을 보지 않고 쓴다. 기억이 안 난다면 목차를 보면서 쓰는 것을 허용한다.

교사가 먼저 직접 작성해 보면 얼마나 어려운지 짐작할 수 있고, 그 과정을 더 잘 이해할 수 있다. 다음은 교사 연수에서 교사 한 분이

《나쁜 어린이 표》(황선미 지음)를 읽고 줄거리를 쓴 사례이다.

✎

㉠ 건우네 반에는 담임 선생님이 나쁜 어린이 표 스티커를 준다. 숙제를 안 했을 때, 친구와 싸웠을 때이다. (6~17쪽: 12)

㉡ 건우는 뒤에서 누가 밀어서 넘어져 화분을 깨뜨렸는데 선생님은 그 상황을 모르고 나쁜 어린이 표를 주고 그런 식으로 여러 개 받았다. (18~23쪽: 15)

㉢ 건우는 속상해서 노트에 나쁜 선생님 표라고 쓰고 선생님 행동에 대해 마음속으로 나쁜 선생님 표를 준다. (33~45쪽: 13)

㉣ 오후에 남아서 과학경진대회를 준비하는데 드라이버 때문에 싸우다가 선생님이 건우의 노트를 보게 된다. (46~86쪽: 41)

㉤ 선생님이 건우에게 준 나쁜 어린이 표와 건우가 선생님에게 준 나쁜 선생님 표를 각각 인정하고 화해한다. (87~95쪽: 9)

→ 검토 의견: ㉣이 41쪽이나 되어 둘로 나누라고 했다.

㉣-1 건우는 과학경진대회에 나가겠다고 손을 들고 어렵게 구한 과학상자 도구를 가지고 만드는데 경식이가 드라이버를 싸구려라고 놀려서 싸워서 나쁜 어린이 표를 또 받는다. (46~63쪽: 23)

㉣-2 나쁜 어린이 표를 받아서 속상한 건우가 빗속을 걷다가 아프고 스티커 통에 손을 대고 화장실에 숨는다. 선생님은 우연히 건우의 수첩을 본다. (67~95쪽: 28)

교사는 5단계로 줄거리를 쓴 다음에 책을 보면서 내용에 해당하는 쪽수를 계산했다. ㉠에서 '6~17쪽: 12'의 의미는 자신이 쓴 줄거리가 6~17쪽에 해당하는 내용이고 총 12쪽이라는 뜻이다. 반면 ㉣은 '46~86쪽: 41'로 다른 부분에 비해 훨씬 많다. 그 부분이 기억이 잘 나지 않아서였을까? 그럴 때는 41쪽을 둘로 나누어서 한 번 더 쓰라고 한다. 끙끙대면서 다시 기억을 떠올리며 줄거리를 쓴다. 이렇게 각각 줄거리 요약에서 적은 쪽수를 비교하면 기억이 잘 나지 않는 부분이 어디인지 스스로 파악할 수 있고, 다음에는 기억하면서 읽으려고 애쓰게 된다.

요약한 줄거리에 대해서도 의문 갖기를 한다. 책 1권을 생각하면서 의문을 가지면 추상적이거나 막연한 의문이 나오는데 이와 달리 줄거리로 쓴 내용에 의문을 가지면 구체적인 사실을 언급하게 된다. 시간이 있으면 내 의문에 옆 친구가 답변을 쓰고, 다시 그 답변에 의문을 가지면 토론으로 변한다.

말로 토론할 때보다 글로 토론하면 충분히 생각해서 대응할 수 있다. 필요에 따라서는 2명씩 한 모둠으로 정해서 같이 협의한 다음 글로 쓰게 하는 것도 좋은 방법이다. 이런 활동도 교사가 먼저 해보는 것이 좋다. 다음은 줄거리를 쓰고 글 토론을 한 사례이다.

줄거리로 쓴 내용에 의문을 갖고 친구 답에 다시 질문을 만듦.

(㉡) 건우는 자기 잘못도 아닌데 나쁜 어린이 표를 받아서 속상했을 텐

데 왜 선생님에게 억울하다고 말하지 않았을까?

(친구 답) 건우는 선생님이 상황을 살피지 않고 결과만 보는 성격인 걸 알고 있기 때문이다. 나쁜 선생님 표 받는 부분에서 건우가 적은 내용 중 선생님의 성격이 보임.

(친구 답에 나의 질문) 왜 건우는 선생님의 몇 가지 모습만 보고 선생님이 결과만 보는 성격이라고 생각할까? 착한 어린이 표 줄 때는 과정을 보기도 하는데.

→ 검토 의견: 앞 사람의 대답에 영향을 받아 질문 방향이 바뀌었다. 밑줄을 비교하면 건우에서 선생님으로 초점이 옮겨진 것이 보인다. 처음 질문이 깊어져야 좋다.

(본인 질문 수정) 왜 건우는 선생님에게 사실은 선생님이 보기 전 상황이 오해가 있다고 말씀드리지 않았을까? 선생님이 착한 어린이 표를 주시는 걸 보면 들어주실 것 같은데.

이처럼 줄거리를 5단계로 쓰고 의문 갖기를 진행하면 아이들이 책 내용을 스스로 정리할 수 있고, 자기 생각을 계속 전개할 수 있는 능력을 기를 수 있다. 줄거리 안에서만 의문을 가져야 하므로 책의 내용을 더 깊이 생각해 보려고 하며, 친구와 답을 주고받는 과정을 통해 사고의 협력을 경험하게 된다.

육하원칙으로 쓰고 의문 갖기

의문 쓰고 답 쓰고 다시 의문을 쓰는 방법은 기본적인 사고 전개 방식이어서 쉽게 익숙해지지만 기본적인 독해를 하지 못하는 아이는 중요하지 않은 장면이나 주변 인물에 관해 의문을 갖는 경우가 많다. 이럴 때는 기본적인 내용 파악부터 시작하는 것이 좋다. 이때 육하원칙 '언제, 어디서, 누가, 무엇을, 어떻게, 왜'의 틀로 글을 쓰게 한다.

책을 읽고 나서 육하원칙으로 글을 쓰게 하면 2학년도 쉽게 쓴다. 《찰리, 사랑에 빠지다》(힐러리 매케이 지음)를 읽고 2학년 학생이 정리한 것을 살펴보자.

언제, 어디서	찰리의 집에서 일어났고, 젬마 누나가 찰리네 아파트로 이사를 왔을 때
무엇을	젬마 누나와 함께 페퍼로니 피자를 먹고, 영화도 같이 보았다.
어떻게	찰리는 영화에 나오는 해적처럼 분장하기도 하면서 신나게 놀았다.

아이들이 쓴 줄거리를 읽으면 무슨 말인지 파악하기 힘든 경우가 많은데 육하원칙 중 몇 가지가 빠졌기 때문이다. 육하원칙으로 글을 쓰게 하면 아이는 내용을 제대로 파악할 수 있게 된다.

육하원칙은 일기에도 적용할 수 있다. 아이들의 일상은 단조로워 일기에 새로운 내용을 쓰기 힘들다. 아이들의 일상은 학교와 학원에서 공부하기, 비슷한 아이들과 짧게 부담 없이, 큰 충돌 없이 노는 정도여서 아이들은 강렬하고 낯선 경험을 겪을 기회가 거의 없다. 그래도 여기에 '언제, 어디서'를 포함해서 '왜'까지 고민하면 일상의 비슷한 생활을 다소 다르게, 좀 더 길게 쓸 수 있다. 이렇게 구체적으로 글을 쓰는 연습을 해야 개별적인 지식을 하나하나 구분해서 받아들이게 된다.

육하원칙으로 쓰는 것이 익숙해지면 어느 한 부분을 자세히 쓰게 한다. 인물을 강조한다면 '주인공' 혹은 '주인공이 아닌 상대역 또는 조력자'의 정보를 쓰게 한다. 물론 이름만 쓰는 것이 아니라 나이, 성별, 나라, 생활 수준 등의 특징을 추론해서 쓰게 한다.

차별이라는 거대한 담을 넘은 여자아이의 이야기가 담긴 《담을 넘은 아이》(김정민 지음)를 읽고 5학년 학생은 '주인공'의 특징으로 '빈부격차가 심한 조선 시대에 살고 있는 가난한 서민 소녀 푸실이'라고 쓰고, '주인공 외'의 특징으로는 '푸실이의 가족들과 푸실이가 사는 마을에서 으뜸가는 부자 대감마님, 푸실이를 이해해 주는 효진, 선비'를 썼다.

'무엇을/어떻게'를 강조해서 쓰게 하면 어떨까? 초등학교 마지막 방학을 제대로 보내기 위해 스스로 계획을 짜서 실행하는 내용의 《방학 탐구 생활》(김선정 지음)을 읽고 6학년 학생은 '무엇을'에 '칠금도에 정글 탐험 모험을 감'이라고 쓰고, '어떻게'에는 '동생과 함께

기차를 타고'라고 썼다. '무엇을/어떻게'를 '사건: 문제와 해결'로 구체화해서 다시 쓰게 하면 '아빠가 칠금도에 가는 것을 허락해 주지 않아 준비와 계획을 철저히 짜 허락을 받음'이라고 분명하게 썼다.

《담을 넘은 아이》에서도 '어떻게'는 '대감님의 집에 유모로 간 어머니를 찾아 막개 아저씨의 도움을 받아 (젖을 먹지 못한 막냇동생에게 젖을 먹였다)'라고 썼는데 '사건: 해결 방법'이라고 쓴 곳에는 '몰래 어머니를 찾아가 대감마님과 선비의 눈을 피해 막냇동생에게 어머니를 만나게 해줌'이라고 해결 방법을 추가해서 썼다.

'언제/어디서'에 초점을 두게 할 수도 있다.《담을 넘은 아이》를 읽고 글을 쓴 아이는 '시공간의 특징'으로 '서민과 양반의 빈부격차가 심하고 여자아이는 별로 존중받지 못하는 조선 시대'라고 썼다. 물론 시공간의 특징을 찾기는 매우 어렵다.

4학년 학생은《조지, 마법의 약을 만들다》(로알드 달 지음)에서 '공간의 특징'으로 '영국의 할머니들은 엽기적인가?'라고 쓰고 자신이 영국에서 살아보지 않아서 잘 모르겠다고 말했다. 이 동화는 영국 작가가 쓴 것으로 조지의 할머니는 조지를 괴롭히는 데 다소 엽기적이다. 할머니는 조지에게 초콜릿을 덜 먹고 배추벌레를 먹어야 한다고 말하는 내용이 나온다.

이렇게 육하원칙을 기본으로 해서 어느 부분을 자세하게, 구체적으로 쓰게 하면 깊이 생각하면서 글을 쓸 수 있다. 어느 부분을 더 쓸지는 교사가 지정하거나 아이 스스로 선택하게 한다. 이렇게 하면 아이는 육하원칙이 익숙해지고 사고 전개를 자연스럽게 할 수 있다.

물론 여기에도 의문을 추가하면 좋다. 아이의 사고력이 높다면 교사가 육하원칙 중 어디에 의문을 가지는지 지정할 수 있고, 의문 2~3가지를 엮어서 쓰게 할 수 있다. 이를테면 '주인공의 특징'을 '무엇을/어떻게'와 연관 지어 의문을 가지라고 할 수 있고, '시공간의 특징'을 바탕으로 '무엇을/왜'와 연결해서 의문을 가지라고 할 수 있다.

《기찻길 옆 동네》를 읽고 중학교 2학년 학생이 육하원칙으로 정리하고 의문을 가진 내용이다.

- 언제/어디서

1970년대 군부 정권이 들어서고 민주화운동이 일어나던 광주

- 누가

용일(주인공)-성실한 야학 선생이었다가 민주화 항쟁에 뛰어든 정의로운 청년

- 누가

이 목사(상대역/조력자)-야학 청년들을 동생처럼 생각하는 교회 목사

- 무엇을/왜(중심 사건)

선학이 야학에 다니기 시작한다. 야학 청년들이 데모 모의를 한다. 시민군과 계엄군의 전투가 시작되고, 이 목사의 만류에도 불구하

고 청년들이 싸우러 나간다. 이 목사가 도우러 나갔다가 죽는다.

• 어떻게/왜(해결 방법)

학생들은 무력시위를 통해 독재 정권에 반대하려 했다. 이 목사는 동생 같은 젊은이들이 죽게 놔둘 수 없었기에 항쟁에 뛰어들었다.

주인공의 특징을 고려해서 의문을 가지라고 했더니 다음과 같이 썼다.

"왜 용일이는 청년들과 같이 민주화 항쟁에 뛰어들었을까? 정의롭다고 해도 자기 목숨을 잃을 수 있는데."

시공간의 특징을 고려해서 의문을 가지라고 했더니 다음과 같이 썼다.

"왜 광주에서만 계엄군과 싸우는 민주화 항쟁이 일어났을까? 호남 차별이 심하다고 해도 사람이 죽어갈 정도로 심하지는 않았을 텐데."

지금까지 사고루틴으로 쓰기, 의문 갖고 쓰기, 5단계로 줄거리 쓰고 의문 갖기, 육하원칙으로 쓰고 의문 갖기라는 기본 틀을 알려준 것은 글을 자주, 길게 쓰는 데 도움이 되기 때문이다. 글 쓰는 연습은 경험이 필요하다. 육하원칙으로 글을 쓰고, 익숙해지면 시공간의 특징과 여기에 인물의 특징까지 고려하는 글을 쓴다. 린 에릭슨은 지식의 구조에서 여러 사실을 바탕으로 개념을 정하고 그 위에 일반화를 세운다고 말했다. 구체적인 지식이 분명해야 일반화를 잘할 수 있기 때문이다. 책을 읽고 시공간이나 인물을 고려해 내용을 정리하면서 아이들은 구체적인 지식을 배우게 된다.

쓰기를 위한 기본 활동지 (1)

이름:

읽은 책	
5단계로 줄거리 쓰고 의문 갖기	㉠
	㉡
	㉢
	㉣
	㉤
	① ( )
	② ( )
위의 의문에 대한 친구 답변	③ (/)
	④ (/)
위 답변에 대한 나의 질문	⑤ ( )

1. 줄거리를 5단계로 쓰고 자기가 쓴 줄거리 중 하나를 골라 의문을 갖는 형태로 사고 전개 연습을 한다.
2. 각 단계마다 2줄 정도 쓰고 의문을 가질 때도 자기가 쓴 단어를 포함해야 한다. ①,②의 ( )에는 줄거리 ㉠~㉤ 중 무슨 내용에 의문을 썼는지 표시한다.
3. ③, ④는 친구들이 답변을 쓰는 부분이다. 친구는 의문 중 하나를 골라 번호를 쓰고 옆에 자기 이름을 적은 후 답변을 쓴다. ⑤에는 친구 답변(③,④) 중 하나를 골라 ( )에 쓰고, 다시 나의 질문을 쓴다.

쓰기를 위한 기본 활동지 (2)

이름:

읽은 책	
육하원칙으로 사고 전개하기	① (언제·어디서)
	② (누가:특징)
	③ (무엇을)
	④ (어떻게)
	⑤ (왜)
위 의문에 대한 친구 답변	⑥ (/)
	⑦ (/)
위 답변에 대한 나의 질문	⑧ ( )

1. 줄거리 쓰기가 익숙해지면 육하원칙으로 사고 전개를 연습한다. 언제, 어디서, 누가, 무엇을, 어떻게, 왜 형태로 각각 2줄 정도 쓴다.
2. '언제/어디서/누가'를 간단하게 쓰는 경우가 많은데, 누가의 경우 특징으로 이름뿐 아니라 나이, 성별, 나라, 생활 수준, 기타 등을 추론해서 쓴다. 마찬가지로 '언제/어디서' 부분에도 특징을 적는 것이 좋다.
3. ⑥,⑦에서 친구는 ⑤의 '왜' 의문에 답변을 쓰고, 나는 두 친구의 답변 중 하나를 골라 ⑧에 다시 질문을 만든다.

쓰기를 위한 기본 활동지 (3)

이름:

<table>
<tr><td>읽은 책</td><td></td></tr>
<tr><td rowspan="10">인물·사건
중심으로
사고 전개하기</td><td>① (인물·주인공의 특징)</td></tr>
<tr><td></td></tr>
<tr><td>② (인물·주인공 외)</td></tr>
<tr><td></td></tr>
<tr><td>③ (사건: 문제와 해결)</td></tr>
<tr><td></td></tr>
<tr><td>④ (사건: 해결 방법)</td></tr>
<tr><td></td></tr>
<tr><td>⑤ (구성: 처음과 끝)</td></tr>
<tr><td></td></tr>
<tr><td rowspan="4">의문 갖기</td><td>⑥ (① +)</td></tr>
<tr><td></td></tr>
<tr><td>⑦ (② +)</td></tr>
<tr><td></td></tr>
<tr><td rowspan="4">위 의문에
대한
친구 답변</td><td>⑧ (/)</td></tr>
<tr><td></td></tr>
<tr><td>⑨ (/)</td></tr>
<tr><td></td></tr>
<tr><td rowspan="2">위 답변에
대한
나의 질문</td><td>⑩ ( )</td></tr>
<tr><td></td></tr>
</table>

1. 인물· 사건 중심으로 생각을 전개하는 방식이다. ①~⑤에는 주인공과 주인공 이외의 인물을 따로 표시하고 사건을 문제와 해결 그리고 해결 방법으로 더 구체적으로 적는다.
2. ⑥,⑦ 의문 갖기에서는 인물과 사건을 섞는데 먼저 주인공과 관련된 의문을, 다음에는 주인공이 아닌 인물과 연관해서 의문을 갖는다. + 표시 다음에는 ③~⑤ 중 하나를 표시한다.
3. ⑧,⑨에서 친구의 답변을 받고, ⑩에는 다시 내가 질문을 쓴다.

쓰기를 위한 기본 활동지 (4)

이름:

<table>
<tr><td>읽은 책</td><td></td></tr>
<tr><td rowspan="10">시공간과
연결해서
사고 전개하기</td><td>① (언제:시간의 특징)</td></tr>
<tr><td></td></tr>
<tr><td>② (어디서:공간의 특징)</td></tr>
<tr><td></td></tr>
<tr><td>③ (문제·사건)</td></tr>
<tr><td></td></tr>
<tr><td>④ (해결 방법)</td></tr>
<tr><td></td></tr>
<tr><td>⑤ (조력자)</td></tr>
<tr><td></td></tr>
<tr><td rowspan="4">의문
갖기</td><td>⑥ (① +   )</td></tr>
<tr><td></td></tr>
<tr><td>⑦ (② +   )</td></tr>
<tr><td></td></tr>
<tr><td rowspan="4">위 의문에
대한
친구 답변</td><td>⑧ (/   )</td></tr>
<tr><td></td></tr>
<tr><td>⑨ (/   )</td></tr>
<tr><td></td></tr>
<tr><td rowspan="2">위 답변에
대한
나의 질문</td><td>⑩ (   )</td></tr>
<tr><td></td></tr>
</table>

1. 시공간의 특징을 추론해서 의문을 갖는 것은 높은 단계이다. 그렇지만 많은 아이가 이 활동에 흥미를 갖는다.
2. ①~⑤에는 시공간과 문제 해결, 조력자를 적고 하나는 시간, 하나는 공간과 연결해서 의문을 갖는다. 나머지 과정은 앞의 활동지와 같다.

※ 활동지는 하나의 예시로 아이들에 맞게 얼마든지 수정, 변형해서 사용할 수 있다.

표현하면서 읽기

글 쓰는 기본 틀을 알려주고 연습해도 글을 길게 못 쓰는 아이가 많다. 또 길게 써도 생각이 별로 담기지 않은 글일 경우가 많다. 종이를 앞에 두고 가만히 있는 아이에게 왜 쓰지 않는지 물어보니 뭘 써야 하는지 모르겠다고 한다. 그렇다면 쓰기 이전에 책을 읽고 자세하고 정확하게 기억하는지, 또 집중해서 읽고 있는지 살펴보는 것이 필요하다.

문해력이 떨어진 아이들은 책보다 만화나 영상을 주로 보는 경우가 많은데 책을 읽을 때도 만화나 영상을 볼 때처럼 보기 때문에 이미지만 남을 가능성이 높다. 느낌은 있는데 생각으로 표현하기 어렵다.

학습만화는 아이들이 즐겨 보는 것이라 일부 교사들이 독서로 간주하기도 하고 권하기도 한다. 하지만 동화나 다른 책을 읽으면서 학습만화를 읽으면 괜찮지만 학습만화만 읽으면 교과서나 다른 글 책을 읽고 싶어 하지 않는다. 또 지식이 많은 듯해도 단편적인 정보만 알고 있는 경우가 많다. 만화는 이미지가 강해서 사고하지 않고 이해하는 것이 가능하며, 또 이해하지 못해도 이해했다고 느끼기 때문이다.

왜 아이들은 책 읽기를 좋아하지 않을까? 만화보다 재미없기 때문이다. 그런데 교사들이 인정하기 힘든 이유가 또 있다. 바로 독후 활동이다. 책을 읽고 독후 활동을 하지 않으면 아이가 책을 제대로 읽고 있는지 어떻게 아느냐고 되묻는다. 하지만 많은 아이는 독후 활동을 하면 자신이 평가받는 느낌을 받기 때문에 책 읽기가 싫다고 말한다.

또 다른 이유가 있다. 일부 학부모가 독서는 성적과 직접 관련이 없다고 생각하기 때문에 교사들은 독서를 수업 시간에 적극 활용하기 힘들어하기도 한다. 그렇지만 동화 읽기는 학업 성적에 크게 영향을 미친다. 대구대학교 문헌정보학과 권은경 교수가 쓴 논문*에 따르면 책을 읽은 학생과 읽지 않는 학생의 점수 차이는 비소설류 562점 대 530점, 소설류는 556점대 526점으로 매우 크다. 또 브니엘예술중학교 교사 김경환**은 읽기 능력과 학업 성취도의 상관관계는 보통

* 권은경, 〈독서 태도와 읽기 성취도 분석이 시사하는 학교도서관 독서 교육의 방향-중학교를 중심으로〉, 한국도서관정보학회지 vol.43 no.4, 2012

** 김경환, 〈읽기 능력과 학업 성취의 상관관계 연구〉, 리터러시 연구 10권 3호, 2019

수준 이상인 것으로 나타났다고 주장했다. 더 적극적으로 수업 시간에 독서를 활용할 필요가 있다.

그런데 진짜 문제는 아이들이 책을 제대로 읽지 않는다는 것이다. 어릴 때는 책이 얇아 여러 번 읽을 수 있었고 나와 비슷한 경험이 나오기에 책을 독해하는 것이 어렵지 않았다. 이때는 자기 경험을 책과 연결해 읽거나 듣거나 하면 즉각적으로 내용을 파악하게 된다. 그렇지만 다음 단계는 내 경험을 넘어서는 내용이 나와서 내 경험과 연결하기 힘든 책을 읽는 것이다. 이때는 책 전체 내용을 기억해서 중심을 붙잡고 이를 근거로 세부 내용을 이해해야 한다. 그런데 전 단계에서 책 전체를 기억하고 핵심을 파악하는 연습을 하지 않았기에 내가 경험하지 못한 내용이 복잡하게 나오면 독해를 못 하게 되는 것이다.

어떻게 하면 제대로 읽게 할 수 있을까? 표현하면서 읽는 방법의 하나로 초기부터 책 내용을 전부 기억해서 발표하는 것을 제안한다. 책을 읽고 나서 기억나는 것을 말해보라고 하면 처음에는 당황하고 힘들어한다. 하지만 자기 말로 소리를 내어서 표현해야만 어떤 것을 기억하고, 기억하지 못하는지 스스로 알 수 있다. 다음에 읽을 때는 기억하기 위해 더 집중해서 읽으려고 노력한다.

초등 저학년들은 대체로 기억력이 높기에 책을 집중해서 여러 번 읽고 거의 암기할 정도로 기억한다. 이렇게 기억하려면 비문학이 아니라 문학, 그것도 동화여야 가능하다. 비문학은 대체로 설명문이고 주장과 근거, 사례 등으로 구성되어 있어 거의 사례만 기억하는 경우가 많다. 반면 동화는 시간의 흐름에 따라 이야기가 전개되기 때문에 전체 내용을 순서대로 기억할 수 있다. 놀라운 점은 기억한 것을 발표하는 연습을 많이 할수록 아이의 기억력이 크게 좋아진다는 것이다. 기억하는 능력을 높이면 고학년이 되어 두꺼운 책도 대부분 기억할 수 있고, 순서를 기억하고, 구성을 파악하면서 세부 내용을 이해할 수 있게 된다. 그러면 더 깊이 이해하기 때문에 책 읽기가 재밌어지고 독서를 좋아하게 되는 것이다.

IB 교육과 연관시켜 보자. 구체적인 지식은 정확한 사실 기억을 바탕으로 한다. 동화는 구체적인 시공간과 인물의 성격 등이 뚜렷하게 나오기 때문에 아이는 여기에 나오는 내용을 정확하고 자세하게 표현하는 연습을 할 수 있다. 일반화를 위한 다양한 기초 자료를 읽고 하나의 개념으로 내용을 정리할 때 각 자료에 나오는 구체적인 사실을 자세히 기억하지 못한다면 막연한 일반화에 빠지게 된다.

동화를 읽고 표현할 때는 줄거리처럼 주요 내용을 간추려서 쓰거나 목차를 보면서 발표하거나 내용 전체를 자세하게 말할 수도 있다. 그다음에는 여러 번 연습해서 30분 정도 발표하고, 줄거리를 5단계로 쓰라고 할 수 있다.

문제는 문해력이 낮은, 읽어도 내용을 기억하지 못하는 아이에게 어떻게 접근해야 동화를 좋아하게 되고 집중해서 읽게 할 수 있을까 하는 점이다. 이제부터는 기초 학습으로써 독서 능력 즉, 읽기 능력을 키울 수 있는 방법으로 책 읽어주기, 녹음해서 들려주기, 몰입 독서를 살펴보고자 한다.

읽기 능력의 기초를 쌓는 책 읽어주기

읽어주기는 모든 부모가 동의하는 방법이고 또 많이 실천하는 방법이다. 그렇지만 뚜렷한 확신이 있는 게 아니라 남들이 다 하기에, 우리 아이가 빨리 글자를 떼면 좋겠기에 하는 것으로 보인다. 그래서 아이가 글자를 알게 되면 읽어주기를 그만두는 부모가 많은데 우리가 어릴 때 들으면서 언어를 이해했던 경험을 생각하면 책 읽어주기는 학년이 올라가도 지속하는 것이 좋다.

우선 교사는 수업 시간에 책을 읽어주는 시범을 보이고 어떻게 읽어주는 것이 효과적인지 부모와 공유하는 것이 필요하다. 교사가 읽어주기를 강조하면 많은 부모가 자기 아이에게 더 오래, 더 적극적으로 책 읽어주기를 할 것이다. 또 친구를 집으로 불러 같이 읽어주기를 하거나 힘들다면 온라인으로 읽어주기를 해도 좋다. 아이는 혼자 듣는 것보다 여럿이 참여하면 훨씬 재미있어 한다.

집에서 많이 듣는 아이는 수업 시간에 교사의 설명을 잘 알아듣기에 수업도 수월할 것이다. 그래서 교사는 학기 초에 반 아이들을 대상으로 책을 읽어주면서 읽어주기가 어떻게 도움이 되는지 학부모 총회에서 설명하거나 가정통신문을 통해 안내해 줄 수 있다.

책을 읽어주면 다음과 같은 효과가 있다.

첫째, 읽어주기를 오랫동안 꾸준히 하면 기초 능력인 읽기 능력이 쌓인다. 읽기 수준은 축적되는 것으로, 책을 통합적으로 읽을 수 있는 능력을 갖추게 되면 기억력, 이해력, 상상력, 분석력 등의 기술을 모두 습득할 수 있다.

둘째, 오랫동안 책을 읽어주면 아이의 듣는 힘이 강해진다. 듣기 능력이 높으면 책 내용을 잘 이해하고 기억할 수 있어서 수업 시간에 선생님의 설명을 듣고 잘 이해하고 정리할 수 있다. 이런 읽기와 듣기 능력은 구성이 있는 긴 동화를 듣는 것으로 기를 수 있다. 동화는 전체 상황이나 맥락 속에서 읽은(들은) 내용을 이해해야 하므로 지식을 체계적으로 쌓는 데 도움이 된다.

셋째, 책을 읽어주면 집중력이 좋아진다. 아주 쉬운 동화라고 해도 이야기를 듣고 재미를 느끼기 위해서는 집중해야 한다. 재미가 있어서 듣다 보면 집중하게 되는 경우가 많다. 그래서 쉬운 동화부터 시작해서 구성이 복잡하고 긴 동화를 들으면 집중력이 커지게 되는 것이다. 듣기를 통해 집중력을 기르면 혼자 읽을 때도 집중하게 된다.

넷째, 아이의 사고력을 키워준다. 동화에는 아이와 어른들, 즉 사람들의 생활과 삶이 들어있기 때문에 아이들은 책 내용을 자신과 비교하면서 생각하고 의문을 갖는다. 나와 다른 상황과 입장에서 말하고 행동하는 등장인물들을 보면서 '누구누구는 왜 그렇게 생각하고 행동했을까? 작가는 왜 이렇게 썼을까?'를 생각하는 것이다.

다섯째, 책 읽는 재미를 아는, 즉 스스로 재미를 찾을 줄 아는 아이들은 비교적 영상 매체와 디지털 매체의 영향을 덜 받는다. 책은 글자를 읽고 스스로 장면을 그리고 떠올려야 하지만 영상매체는 모든 이미지와 장면을 만들어서 보여준다. 책은 자신이 집중해서 읽어야 재미를 느낄 수 있지만 스마트폰이나 유튜브 영상, 게임은 아무 노력 없이도 빠져든다. 그래서 책을 읽게 하기 위해서는 디지털 매체를 제한하는 것도 필요하지만 꾸준히 책을 읽어주어 책에 대한 흥미와 읽기 능력을 높이면서 디지털 매체의 영향을 줄여나가는 것이 더 효과적이다.

여섯째, 어휘력이 풍부해지고 글쓰기가 수월해진다. 책을 많이 읽어주면 아이들은 다양한 어휘를 습득하고 맥락에 맞게 글을 쓸 수 있다.

마지막으로 오랫동안 책을 읽어주면 아이와 부모와의 관계가 좋아진다. 아이가 클수록 부모와 마주하고 이야기 나눌 기회가 적은데 책을 읽어주면서 함께하는 시간을 가질 수 있다.

책 읽어주기의 효과는 다양하지만 효과가 금방 나타나는 것은 아니다. 악기를 잘 다루려면 몇 년 동안 기초를 다져야 하는 것처럼 책 읽어주기도 마찬가지이다. 꾸준히 자녀에게 책을 읽어주면 나중에 큰 효과를 볼 것이다.

어떻게 읽어주는 것이 좋을까요?

매일, 일정한 시간, 정해진 분량을 읽어주기

매일 저녁 7시~7시 30분까지 30분 동안, 그림책 5~6권 또는 동화책 1~2권, 이런 식으로 정한다. 30분~1시간 정도가 적당한데 각자 상황에 맞게 정한다. 처음 3~6개월은 무조건 정해진 시간과 분량을 지켜야 꾸준히 할 수 있다.

조금 빠르게, 약간 높은 톤으로 읽어주기

구연동화처럼 과장되게 읽는 것은 책에 집중하는 것을 방해한다. 부모가 중요하다거나 주제가 드러난다고 생각하는 부분과 아이가 흥미를 보이는 부분이 일치하지 않기 때문이다.

이야기의 도입 부분은 다소 지루해도 뒤에 나오는 내용의 배경이나 근거가 되기 때문에 건너뛰지 않는다.

아이의 집중하는 태도를 중요하게 생각하기

집중하지 않거나 딴짓하면 읽기를 멈춘다. 혼내기보다는 표정으로 단호한 태도를 취하는 것이 더 효과적이다.

인내하며 꾸준히 읽어주기

아이들이 핑계를 대면서 듣기 싫다고 하면 부모들은 '내가 이렇게 힘들게 읽어주는데 저 태도가 뭔가' 하는 생각이 들 수 있다. 특히,

초등 고학년은 저항이 더 클 수 있다. 이때 단호한 태도를 취하면 어떤 상황에서도 읽어주기를 지속한다는 걸 아이들이 깨닫고 받아들이게 된다.

옛이야기나 쉬운 책부터 읽어주기

옛이야기는 구조가 단순하고, 결론이 명확하고, 내용이 재미있어서 아이들이 쉽게 흥미를 느낀다. 또 남자아이들은 모험이나 동물이 나오는 동화, 여자아이들은 친구 관계가 나오는 창작동화를 더 재미있게 듣는 경향이 있다. 듣는 힘이 높아지면 다양한 책을 읽어준다.

한 번에 읽고 끝낼 수 있는 책부터 시작하기

집중력이나 듣는 힘이 세지면 분량이 많은 책을 읽어준다. 읽어주는 시간이 끝나면 다음 내용이 궁금해서 혼자 이어서 읽는 아이가 많다. 아주 긴 장편이나 시리즈라면 부모가 앞부분을 읽어주고 아이가 이어서 혼자 읽고, 다음날에 그 뒷부분을 부모가 다시 이어서 읽어주고 아이가 혼자 읽는 식으로 반복할 수 있다.

녹음 파일로 들려주기

교사는 책 읽어주기를 위해 수업 자료로 녹음 파일을 활용할 수도 있다. 직접 읽어줄 때는 아이들의 듣는 태도를 볼 수 없지만 녹음 파일을 이용하면 아이들을 지켜볼 수 있어서 효과적이다. 물론 여러 번 들려줄 수도 있고 배속을 높여서 빠르게 들을 수도 있다. 전자도서관의 오디오북이나 창비 오디오스쿨 등을 활용하거나 직접 녹음해서 들려주어도 좋다.

IB 후보학교에서 학생들의 문해력 향상을 위한 워크숍을 진행할 때 창비 오디오스쿨의 《마법사 똥맨》(송언 지음)을 찾아 교사들에게 들려주었다. 7~15쪽까지 예로 들었는데, 학교에서는 학급 아이들 간에 수준 차이가 있을 것이므로 먼저 전체를 들려준 다음 장면을 나눠서 들려주었다. 장면 구분은 시공간을 기준으로 바뀔 때마다 다음과 같이 나누었다.

1. 학교로 뛰어가는데 똥이 마렵다. (~9쪽 두 번째 줄까지)
2. 지난해 화장실 사건
   ① 수업 시간 끝날 무렵 화장실에 갔다. (~10쪽 네 번째 줄까지)
   ② 친구들이 놀린다. (~12쪽 두 번째 줄까지)
   ③ 친구가 물을 뿌리고 난 울었다. (~13쪽 세 번째 줄까지)
3. 학교 화장실에서 똥을 누지 않겠다고 다짐하며 천천히 걸어갔다. (~15쪽 첫 번째 줄까지)

이렇게 교사가 시공간에 따라 장면을 끊어서 듣는 경험을 해보면 수업 시간에 교과서 본문을 읽어줄 때도 나눠서 읽어주게 된다. 문제는 녹음 파일이 많지 않고, 그렇다고 교사가 녹음하는 것도 쉽지 않다. 또 같은 책을 구입하고 수업 시간을 할애해야 하는데 이런 조건을 충족시키기 어렵다는 것이다. 그렇기에 녹음 파일로 듣기는 가정과 협력해서 할 수 있다.

교사가 시범적으로 수업 시간에 녹음 파일을 활용해 동화를 들려주고, 이것이 효과가 크다는 것을 학부모에게 강조할 수도 있다. 왜냐하면 녹음 파일을 활용할 수 있다는 생각조차 해보지 않은 부모가 많기 때문이다.

시간이 있으면 부모가 읽어줄 때 녹음하는 것도 권할 수 있다. 남의 목소리를 기계음으로 듣는 것을 싫어하는 아이도 있을 수 있어서 부모는 자신의 목소리로 녹음해 아이에게 들려주거나 아이가 편한 시간에 스스로 듣게 하면 된다. 저작권을 고려해서 자신의 목소리로 녹음해서 외부 공유하지 않고 자녀에게만 들려준다. 특히 문해력이 약하거나 저학년 아이들은 매번 읽어주는 것보다 한 번 녹음해서 여러 번 듣게 하면 더 편하고 효과적이다. 그리고 소리 내어 읽기를 어려워하는 아이들은 '영어책 연달아 따라 말하기(연따말)'처럼 한글도 녹음 파일을 틀어놓고 따라서 읽게 하면 덜 부담스러워한다.

부모가 아이에게 책을 읽어주고 싶은데 여건상 어려운 경우에는 지역 도서관의 오디오북이나 밀리의 서재, 윌라, 스토리텔 등 오디오북을 찾을 수 있는 사이트를 알려준다. 어떤 책을 골라서 들려주어야 할지 모를 경우를 대비해 부록에 도서 목록을 정리해 놓았다.

초등학교 1학년 학생은 문학세계사에서 나온 《오즈의 마법사》 시리즈 14권짜리를 오디오북을 활용해서 5번 이상 들었다고 한다. 아이 엄마는 녹음으로 들려주기를 알게 되어 아이와 사이까지 좋아졌다고 가슴을 쓸어내렸다. 왜냐하면 아이는 늘 책을 읽어달라고 했을 것이고 엄마는 힘들고 지친 상태에서 30분도 못 읽어주고 그러면 아이와 갈등이 생겼을 것이기 때문이다. 아이는 글자도 모르고 혼자 읽지 못하는 상태에서도 2~3시간 듣기에 집중했다고 한다.

이야기 속으로 빠져드는 몰입독서

몰입독서는 시간을 정해서 다른 아이들과 함께 책을 읽는 것을 말한다. 독서할 때 흔히 우리는 무슨 책을, 어떻게 읽을까 고민한다. 그래서 동화와 지식 책 중 무엇을 강조할지, 학습만화를 허용할지 말지를 결정하고, 또 정독과 속독, 읽기와 읽어주기를 어떻게 배합해야 할지 선택해야 한다.

그런데 이런 고민은 대체로 독서는 지식 습득이라는 목적을 위한 것이라고 당연하게 전제하고 있을 때 해당한다. 만약 독서가 문해력이나 집중력, 사고력 등을 높이기 위한 것이라면 무슨 책을 어떻게 읽을까 고민하기 전에 언제, 어디서, 누구와 함께 읽을까 등 독서 환경을 어떻게 만들 수 있는지 고민하는 것이 좋다.

그동안 우리는 책은 자기 방에서, 자투리 시간에 혼자 읽는 것이 당연하다고 생각했다. 그래야 집중할 수 있고 편한 시간에, 아무 때나 읽을 수 있다고 간주했다. 그렇지만 요즘은 독서가 아니라 스마트폰을 통한 인터넷 검색, SNS 등으로 아이들의 여가 활동이 대체되었다. 통제가 없고, 자유로운 환경이라면 대부분 독서보다는 스마트폰을 들여다볼 것이다.

그렇기에 지금 아이들이 독서하려면 별도의 환경을 만들어주어야 한다. 자투리 시간이 아니라 긴 시간을 정해서, 자기 방이 아니라 책이 많이 비치된 별도의 공간에서, 혼자가 아니라 친구나 선후배와 함께 읽을 때 집중해서 책을 읽을 수 있다고 제안한다.

별도의 공간에서 긴 시간, 수준이 다른 아이들이 섞여 읽어야 하기에 평가나 독후 활동은 최소한으로 하고, 책도 주로 동화를 읽게 한다. 지식 책이나 명작을 몇 시간 집중해서 읽는 것은 거의 불가능하기 때문이다.

자투리 시간보다 긴 시간을 할애해서 읽기

50분 읽고 10분 쉬는 형태로 3시간 이상 읽기를 추천한다. 왜 긴 시간을 읽어야 할까? 중간에 휴식이 2번 이상 있어 처음, 가운데, 끝 시간에 집중력이 어떻게 변하는지 관찰할 수 있기 때문이다.

예전에는 책에서 읽은 내용을 자기 삶과 연결할 수 있었다. 그런데 삶은 처음과 끝이 없고, 인물도 다양하고, 인과관계가 얽혀있어

파악하기가 쉽지 않다. 동화는 그렇지 않기 때문에 파악하기 쉽다. 그래서 부분 부분 읽어도 이해할 수 있었다. 그렇지만 지금 독서는 스마트폰이나 영상과 비교되고 있다. 영상은 복잡하지 않다. 앞뒤를 몰라도 즉각적으로 내용을 파악할 수 있다. 이것이 아이의 머릿속 생각을 장악하고 있어 자투리 시간에 읽는다면 전에 읽은 내용이 기억나지 않을 것이다. 심지어 집중도 잘 안될 것이다.

책이 많이 비치된 별도의 장소에서 읽기

왜 자기 방에서 읽으면 집중하기 힘들까? 요즘 아이들은 학습 부담으로 지쳐있고 늘 누군가의 통제와 주목을 받는 상태라서 자기만의 방은 억지로 숙제하는 것이 아니라면 휴식 공간으로 활용하기 좋다.

자기 방에 책이 많다고 해도 대부분 부모가 읽으라고 주문한 책이고, 재미있을 만한 것은 이미 보았기 때문에 새로움이나 호기심이 없다. 그에 비해 많은 책이 비치되어 있는 공간은 다양한 책 중 본인이 스스로 선택할 수 있어 자유로움을 느낀다.

그리고 생각보다 집에서는 다른 가족들의 소리나 자잘한 일에 신경이 쓰여 집중하기 어렵다.

함께 모여 읽기

왜 친구나 선후배와 같이 읽으면 집중이 잘 될까? 요즘 아이들은 공부에 쫓기고 있어 동화를 볼 때 심리적으로 불편해한다.

'내가 지금 이것을 봐도 될까? 남들은 다 공부하는데.'

그런데 친구나 선후배가 같은 공간에서 동화를 읽는다면 마음이 다소 편안하다. 후배는 선배보다 여유롭다고 생각할 것이고, 선배는 후배에 비해 산만한 모습을 보이지 않으려고 애쓸 것이다.

이렇게 몰입해서 책을 읽은 아이들은 스스로 몰입독서 경험을 어떻게 말할까? 《문해력을 키우는 읽기 습관, 몰입독서》(스키마언어교육연구소 지음)에는 초등학교 학급에서 몰입독서를 진행하고 그들을 인터뷰한 결과가 나온다. 아이들은 '자유', '집중', '성취'라는 단어를 많이 사용한 것을 알 수 있다.

"쉬는 시간도 있고, 책도 재밌고, 책도 마음대로 고를 수 있고, 재밌는 책을 쏙 뽑아서 읽기만 하면 돼요."

"책을 자유롭게 읽을 수 있어요. 읽고 싶은 걸 고르고, 원하는 책을 마음대로 고를 수 있잖아요. 집에 있는 책은 한 번씩 읽어본 책이잖아요. 여기는 새로운 책이 많고, 수준이 올라가면서 다른 수준의 책을 읽을 수 있어요."

이렇게 몰입독서에 참여한 아이들은 읽을 책을 정해주는 것보다 책을 스스로 고를 수 있어 좋았다고 말한다. 물론 몰입독서를 시작하기 전 구성이 탄탄하고, 또래가 등장하고, 아이들이 주체적으로 생각하고 행동하는 책 위주로 준비해 둔다.

또 책만 읽으면 지루하지 않을까 하는 예상과는 달리 아이들은 집중해서 책만 읽을 수 있어 좋았다고 말했다. 처음에는 책을 고르느라 돌아다니며 어수선하지만 어느 순간 모두가 고개를 숙인 채 책을 읽고 있다. 마치 아무도 없는 것처럼 고요하다고나 할까?

"주인공이 싸우는 내용을 읽으면 저도 거기에 몰입해서 싸우는 현장에 같이 있는 것 같아요. 주인공들이 싸우고 있는데 '이럴 때는 이런 말 하면 이길 수 있는데'라고 알려주고 싶은 생각이 들어요. 그럴 때 그 상황에 몰입하는 것 같아요."

"집중하면 시간이 흘러가는 것도 모르고 읽다가 시계를 보면 엄청 시간이 지나가 있는 적이 있어요."

부모는 대체로 자녀가 책을 잘 읽는다면 이런 몰입독서 환경에 참여시키지 않아도 된다고 생각한다. 그렇지만 책을 잘 읽거나 좋아하는 아이일수록 몰입독서 환경을 좋아한다. 숙제도 평가도 걱정하지 않고, 이런저런 일로 방해받지 않고 좋아하는 책을 실컷 읽을 수 있어 좋았다고 한다. 방학 때마다 몰입독서에 참여하는 초등학교 6학년 학생은 "평소에는 숙제하고, 교재 읽느라 다른 책을 못 읽어서 주말에만 내가 읽고 싶은 책을 읽을 수 있는데 몰입독서에서는 그냥 읽기만 하니까 참 좋았다."라고 말했다.

읽고 싶은 책을 고르고, 조용한 공간에서, 긴 시간 동안 책의 세계에 빠졌다가 나오기를 반복하며 책을 읽고 난 다음 느끼는 감정이 대개 '힘들다'이지만 그 뒤에 꼭 따라오는 것은 '뿌듯함'이다.

"일어서면 발목이 저리고 그래요. 하지만 그런 걸 별로 못 느끼는 것 같아요. 몰입독서를 한 뿌듯함이 발 저림을 이긴 것 같아요."

"평상시에는 책을 오랫동안 읽지 않는데 오랫동안 몰입해서 읽으니까 제가 조금 더 커진 느낌이에요. 제가 책을 좋아하긴 하는데 이렇게 오래 읽은 적은 없거든요. 학교에서도 10분? 독서 시간도 따로 없어요."

4~6시간 길게 읽는다고 해도 50분 읽고 10분 쉬는 것을 기본으로 한다. 그리고 쉴 때 밖에 나가 몸을 움직이게 한다. 휴대전화를 만지거나 몸을 움직이지 않으면 후반부에 집중하지 못하는 경우를 많이 보았다.

그리고 지도 교사나 부모가 아이들을 끊임없이 관찰해야 한다. 저마다 다른 목표가 있고, 또 평가지가 없으니 관찰을 통해 아이들의 변화를 파악해야 한다. 몰입독서에 참여시킨 부모가 내 아이가 어땠는지, 좋아졌는지 지도 교사에게 물어보면 객관적인 근거가 없어 대답하기가 난감하기 때문이다. 다행히도 아이들이 끝날 때 힘들지만 뿌듯하다고 말한다. 독서를 집중해서 했기에 뭔가 보상을 받고 싶다는 표현이나 표정을 짓는 아이들을 보며 부모 또한 만족한다.

몰입독서를 시작하기 전후에 자신의 집중도를 활동지에 그림이나 글로 표현하면서 성찰하는 기회를 준다.

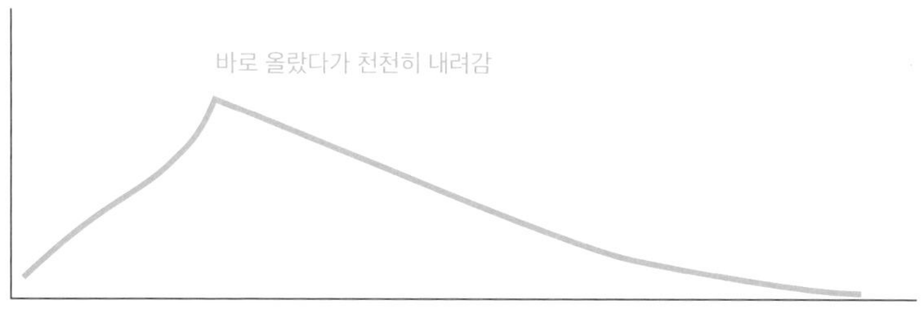

몰입독서에 참여한 한 학생은 바로 올라갔다가 천천히 내려간 자신의 집중력 양상을 그래프로 표현했다.

기초적인 문해력을 기르기 위해 '많이 읽고 많이 써야' 한다고 강조하는데 많은 방법 중 가장 기본이 되는 것이 집중해서 읽기, 즉 몰입독서이다.

학교 자율시간이나 창의적 체험활동의 동아리 시간을 활용해서 아이들에게 집중해서 읽는 시간을 확보해 준다면 아이들은 독후 활동에 대한 부담 없이 책을 읽을 수 있다. 그러면 자기 수준에 맞는 책을 스스로 고를 수 있다. 이런 과정을 거치면 아이들이 책을 좋아하게 되고, 집중해서 읽으면서 내용을 기억하고 이해하게 되면 개념적 이해를 추구하는 수업뿐만 아니라 일반 과목 수업도 훨씬 수월해질 것이다.

몰입독서 성찰 활동지

이름:

이번 몰입독서의 목표/방향	① 목표:
	② 목표 달성 이번 (　　　)% 특징:
교사나 부모의 평소 피드백	③ (교사)
	④ (부모)
내가 애쓰면 1주 또는 1개월 내에 고칠 수 있는 것	⑤ (선배 또는 친구)
	⑥ (본인)
이번 몰입 방해 요인	⑦
더 노력할 점	⑧
향후 목표 (　　)%	⑨ (이유)

1. ①은 집중력이나 기억력 또는 독서 태도 등에서 자신의 목표를 쓰게 한다.
2. ②의 특징 예시: ⓐ 계속해서 상승함, ⓑ 바로 올랐다가 천천히 내려감, ⓒ 서서히 올라가서 내려가지 않음, ⓓ 천천히 올랐다가 천천히 내려감, ⓔ 조금씩 올랐다 내렸다 반복함. ⓕ 기타 / ⓐ~ⓕ 특징 중 자신의 것을 그림(선, 그래프 등)으로 나타냄

새로운 수업, 시도하는 것이 필요하다

동화를 읽고 내용을 정확하고 자세하게 기억한다면 아이들은 개별적인 사실들을 하나씩 자신의 배경지식에 추가하게 된다. 친구들의 관계를 다룬 동화여도 어떤 책은 어려운 환경에서의 우정을 그렸고, 다른 책은 친한 친구가 배신하는 따돌림을 묘사했다. 따돌림도 가해자와 피해자의 입장이 다르다. 가해자가 끝에 반성하는 경우도 있고, 그렇지 않은 경우도 있다. 피해자 역시 이를 극복하지 못하거나 조력자의 도움으로 극복하기도 한다. 이런 차이는 인물의 성격이나 주어진 시공간, 주변 사람의 대응에 따라 달라지는 것이기에 인간관계의 다양한 측면을 이해하는 데 도움이 된다.

구체적인 상황을 다양하게 파악하는 능력이 쌓여야 다른 상황으로 전이할 수 있는 일반화를 제대로 이해하고 작성할 수 있다. 그렇지 않고 1~2가지 사실로 일반화한다면 막연한 일반화를 만들기 쉽다. 친구들의 관계를 다룬 동화에 대한 아이들의 반응을 살펴보자.

'방관자는 가해자보다 더 나쁘다'고 생각을 정리하는 아이는 방관자가 올바른 대응을 한 책을 읽지 못해서 그럴 것이다. 또 대응했더라도 의미를 두지 않거나 그 내용을 기억하지 못해 그럴 수도 있다. 그렇지만 왕따에 관한 다양한 관점의 책을 읽고, 또 겉으로는 방관자이지만 실제로 이런저런 도움을 주었다는 사실을 이해한다면 '방관자는 모두 어떠하다'라고 일반화하지 않을 것이다.

린 에릭슨이 쓴 책의 수업 사례에 나온 외국의 초등학교 4학년 학생들은 '세상을 변화시킨 리더-평등을 위한 투쟁'을 공부하는 데 무려 14권의 책을 읽는다. 그 정도의 책을 읽으면 '성급한 일반화의 오류'에 빠지지 않을 것이다. 성급한 일반화란 '특수하고 부족한 양의 사례를 근거로 섣불리 일반화하고 판단'하는 것을 말한다. 보통 '눈 감고 코끼리 만지기' 이야기에 비유하는데 코끼리의 일부분만 만지고 자기가 만진 게 전부인 것처럼 결론을 내리고는 자기 말이 옳다고 주장한다는 내용이다.

성급한 일반화를 피하려면 많은 자료를 읽어야 한다. 우리나라 교육과정이나 현실 속에서 일반화 수업을 시도하는 학교에서는 아이들이 많은 자료를 읽고 쓸 수 있는 경험과 기회를 주려고 노력하고 있다.

실제로 IB 학교에서도 DEAR이라는 이름으로 모두가 몰입해서 책 읽는 시간을 마련하고 있다. 《나는 미래를 꿈꾸며 가르친다》(이기동 지음)의 책에도 DEAR 프로그램을 실제로 진행한 내용이 나와 있다. 한국의 국제학교에서 초등학교 학생들이 매일 1시간씩 아무것도 하지 않고 책을 읽는다는 이야기를 사서 교사에게서 들은 적이 있다. 교과서가 없는 IB 학교에서는 탐구 단원을 진행하는 동안 아이들이 읽고 이해해야 할 텍스트가 정말 많다. 그 밖에도 학급 문고에는 작가별, 주제별, 읽기 수준별 동화책을 많이 비치하고 있어 아이들이 수시로, 자유롭게 책을 읽고 참고할 수 있는 환경을 만들어준다.

쓰는 것과 관련해 인상 깊은 일화가 있다. 서울의 IB 학교를 탐방했을 때 저학년 수업에서부터 쓰는 활동이 매우 많아서 근무하는 교사에게 그 이유를 물어본 적이 있다. 나의 질문에 그는 너무도 당연한 것을 묻는다는 표정을 지었다. IB는 초등-중등-고등이 연결되는 연속체적인 프로그램이라서 지금 저학년 학생들이 고등학교에 가면 EE(Extended Essay)라는 확장형 에세이를 써야 하고, 평가 방법에 따라 자기 생각을 써야 하는 경우가 많은데 이런 능력은 단기간에 형성되지 않기 때문에 어렸을 때부터 많이 쓰는 연습을 하는 것이라고 대답했다. 결국 수업 자체가 자료를 읽고, 통합해서 연결 혹은 분석하여 쓰는 활동이 많고, 이것이 평가까지 이어지기 때문에 지속해서 진행할 수 있었겠다는 생각이 들었다.

결론적으로 학교에서 배운 지식을 생활에 전이할 수 있는 개념적 이해를 중요시하는 IB 학교에서 책을 많이 읽고 글을 자주 쓰는 과정을 굉장히 중요하게 여기고 있음을 알 수 있다.

우리나라도 독서를 중요하게 생각한다. 각 교육청에서 독서토론 프로그램을 개발하여 진행하고, 교사들도 아이들이 책을 읽게끔 다양한 방법을 시도하고 있다. 읽은 책 목록만 쓰는 간단한 활동부터 일기장에 독후감을 쓰게 하거나 책을 읽고 모둠 토론을 하는 등 독서를 권장하고 있다.

그런데 독후 활동이 결과물로 남으면서 책 읽기보다 독후 활동이 중시되는 분위기가 조성되면서 많은 아이가 독후 활동에 신경을 쓰느라 책을 대충 읽는 것도 사실이다. 그리고 아이들이 국어 교과서의 본문이나 읽은 책의 내용을 당연히 이해했을 거라고 믿고 수업을 진행하다가 전혀 엉뚱한 답이 나올 때 당황하는 경우가 많다. 그래서 교사들은 '읽기 그 자체'를 잘할 수 있는 방법을 점점 고민하며, 독후 활동을 하지 않아도 책을 집중해서 읽을 수 있는 방안을 강구하고 있다.

앞에서 '많이 읽고 많이 써야 한다'는 것을 강조하면서 4가지 쓰기 방법으로 '사고루틴으로 쓰기, 의문 갖고 쓰기, 줄거리로 쓰기, 육하원칙으로 쓰기'와 4가지 읽기 방법으로 '표현하면서 읽기, 책 읽어주기, 들려주기, 몰입독서'를 언급했다. 표현하면서 읽기를 하면 즉, 읽은 내용을 기억해서 발표하고 이를 반복하면 읽을 때 훨씬 집중하게 된다.

이렇게 줄거리를 말하거나 쓰는 활동을 하면 아이는 말하고, 듣고, 읽고, 쓰기를 전부 포괄하는 총체적인 문해력을 갖추게 된다. 아이가 어느 정도 문해력을 갖춰야 교사는 학교에서 배운 지식을 전이할 수 있는 일반화 수업을 원활하게 진행할 수 있을 것이다.

배움은 학교 지식으로만, 수능 시험용으로만 남고 지나고 나면

다 잊어버리는 형태로 진행하면 안 된다. 실제 사회에서 여러 문제를 분석하고 해결하는 데 도움이 되는 형태로 지식이 구성되어야 한다. 그러기 위해 스스로 질문을 만들고, 자료를 조사하고, 탐구하며, 일반화 문장을 만들고, 전이 · 성찰하는 탐구 과정을 통해 개념적 이해를 추구하는 교육은 필요하다. 그런 흐름에서 우리나라에서도 '핵심 아이디어'를 제시한 교육과정이 구현되고 있고, 공교육에 IB 프로그램을 도입하여 곳곳에서 운영 중이다.

책에 소개한 수업을 통해서는 아이들이 구체적인 지식이 풍부해야 일반화 수업도 잘 진행할 수 있다는 것을 발견했는데 발상을 바꿔서도 생각해 볼 수 있다. 즉 일반화 수업을 진행하면 아이들이 갖고 있는 지식이 얼마나 막연한지, 아이들이 전이와 통합을 얼마나 어려워하는지 확인할 수 있다. 우리나라 아이들은 암기 위주의 지식을 많이 갖고 있다. 학교 시험이 대체로 학습 능력을 평가하기보다 배경지식이 어떠한지를 평가하기 때문에 어찌 보면 매우 구체적인 지식이라고 말할 수 있다. 그렇다면 그것이 하나의 사실이어서 이를 바탕으로 개념을 정하고 일반화 수업이 잘 진행되어야 하는데 실제로는 그 지식이 분절되어 있어 아이들은 통합할 수 있는 개념을 찾아내지 못한다. 그러므로 통합이 가능한 구체적인 지식을 많이 갖춘 다음에 일반화 수업을 시도해야 한다고 결론짓기 전에 일반화 수업을 시도하면서 우리나라 아이들이 가진 지식이 얼마나 서로 연결되어 있지 않은지 확인하는 것도 중요할 것이다.

지금 사회는 혼란과 갈등이 심한 시대이다. 이럴 때일수록 미래의 주인공인 아이들 교육이 중요한데 교육의 방향까지 흔들리는 것은 아닌지 교사와 학부모들은 걱정이 앞설 것이다. 그래도 일선 교사들은 묵묵히 자기가 지금 이곳에서 가르치는 아이들에게 맞는 방법을 찾으려고 노력하고 있다. 그런 교사들은 다양한 수업을 연구하고, 아이들과 시도해 본 여러 자료를 축적해서 이를 바탕으로 나아갈 방향을 찾는 것이 중요하다고 생각한다.

시대의 흐름과 교육적 필요에 따라 우리는 IB 교육이 어떤 것인지 알아보고, 일반 학교에서 IB 학습자상을 소재로 책을 활용하여 '일반화'를 만들어보는 수업을 계획하고 진행해 보았다.

그 결과 사실적인 지식이 부족하고, 심지어 문해력이 부족해도 일반화 수업이 가능하지만 관련된 개별 자료를 여러 개 제시하고 구체적으로 의문을 갖고 답을 구하는 과정을 병행해야 더욱 정교한 수업이 가능하다는 것을 알 수 있었다. 또 개념을 형성하고, 일반화를 만들어가는 수업이 잘 이루어지기 위해서는 사실적인 지식이 많아야 하고, 구체적인 지식이 나오는 책이나 자료를 독해할 수 있는 기초적인 능력이 있어야 한다는 것을 다시 확인했다.

주위에 탐구 질문 수업, 프로젝트 수업, 개념 기반 탐구 수업, AI 활용 수업 등 열심히 수업을 연구하고, 시도하고, 애쓰고 있는 교사가 무척 많다. 그런 분들을 보면서 책을 통한 일반화 수업을 준비할 수 있는 용기를 얻었다. 이 책에 나오는 방식이 하나의 정답은 아닐 것이다. 하지만 자신이 서 있는 자리에서 IB 방식의 탐구 수업을 시도하고자 하는 분들이 계신다면 우리 아이들이 일반화를 너무 어려워한다거나 혹은 일반화 수업이 불가능하다고 안타까워하지 말기를 바란다. 대신 우리 아이들에게 무엇이 필요한지 고민하고, '많이 읽고 많이 써야' 개념적 이해를 추구하는 수업이 제대로 진행된다는 점을 인지하고 있어야 한다. 지금은 그런 수업을 아이들과 할 수 있을 거라는 믿음이 필요한 시점이다.

부 록

수업에 활용하면 좋은 주제별·단계별 추천도서

옛이야기/설화/신화

1단계	《폭풍 마왕과 이반 왕자_웅진 옛이야기 시리즈》 올가 콘다코바, 웅진주니어 《어찌하여 그리된 이야기_사계절 옛이야기 시리즈》 김장성 지음, 사계절 《호랑이 뱃속에서 고래 잡기_김용택 푸른숲 옛이야기 시리즈》 김용택 지음, 푸른숲 《두꺼비 신랑_보리 옛이야기 시리즈》 서정오 지음, 보리
2단계	《삼신할머니와 아이들_창비 옛이야기》 정하섭 지음, 창비 《꾀보 막동이_한겨레 옛이야기》 송언 지음, 한겨레신문사 《이반 왕자와 불새_창비 아동문고》 아파나쎄프, 창비 《사람은 무엇으로 사는가_창비 아동문고》 톨스토이, 창비 《빗방울 목걸이》 존 에이킨, 우리교육/햇살과나무꾼
3단계	《옹고집전》 박철 지음, 창비 《가벼운 공주》 조지 맥도널드, 문지사 《난쟁이 무크》 빌헬름 하우프, 창비 《들풀들이 들려주는 위대한 백성 이야기》 홍순명 지음, 부키 《어린이 삼국유사》 서정오 지음, 현암사

판타지/ 마술

■ 마법/마술

초급	1단계	《나야, 뭉치 도깨비야》 서화숙 지음, 웅진주니어 《납작이가 된 스탠리》 제프 브라운, 시공주니어 《마법의 빨간 립스틱》 공지희 지음, 비룡소 《마법의 설탕 두 조각》 미하엘 엔데, 한길사 《조지, 마법의 약을 만들다》 로알드 달, 시공주니어
	2단계	《건방이의 건방진 수련기 1~5》 천효정 지음, 비룡소 《내 마음속 화딱지》 만프레트 마이, 중앙출판사 《사과나무 위에 할머니》 미라 로베, 별숲 《영리한 공주》 다이애나 콜즈, 비룡소 《요술 손가락》 로알드 달, 열린어린이
	3단계	《마녀를 잡아라》 로알드 달, 시공주니어 《수일이와 수일이》 김우경 지음, 우리교육 《엄지 소년 닐스》 아스트리드 린드그렌, 창비 《왕도둑 호첸플로츠》 오트프리트 프로이슬러, 비룡소 《찰리와 초콜릿 공장》 로알드 달, 시공주니어
중급	1단계	《마틸다》 로알드 달, 시공주니어 《생쥐 기사 데스페로》 케이트 디카밀로, 비룡소 《숲의 수호자 와비》 조세프 브루샤크, 개암나무 《엄지 소년》 에리히 캐스트너, 시공주니어 《지붕 위의 카알손》 아스트리드 린드그렌, 문지사
	2단계	《남매의 탄생》 안세화 지음, 비룡소 《느티나무 수호대》 김중미 지음, 돌베개 《수호 유령이 내게로 왔어》 크리스티네 뇌스틀링거, 풀빛 《여름방학 불청객/교환학생》 크리스티네 뇌스틀링거, 양철북/동녘 《오이 대왕》 크리스티네 뇌스틀링거, 사계절
	3단계	《모모》 미하엘 엔데, 비룡소 《크라바트》 오트프리트 프로이슬러, 비룡소 《팀 탈러, 팔아버린 웃음/꼬마 백만장자 팀 탈러》 제임스 크뤼스, 논장 《야수의 도시》 이사벨 아옌데, 비룡소 《황금용 왕국》 이사벨 아옌데, 비룡소

■ 판타지

초급	1단계	《괴물 예절 배우기》 조안나 코울, 시공주니어 《꼬마 괴물과 나탈리》 재클린 윌슨, 시공주니어 《민핀》 로알드 달, 시공주니어 《펭귄표 냉장고》 다케시타 후미코, 북뱅크 《흡혈귀 루디, 치과는 정말 싫어》 잉그리트 위베, 시공주니어
	2단계	《5월 35일》 에리히 캐스트너, 시공주니어 《꼬마 마녀》 오트프리트 프로이슬러, 길벗어린이 《호호 아줌마가 작아지는 비밀》 알프 프로이센, 비룡소 《밥데기 죽데기》 권정생 지음, 바오로딸 《제임스와 슈퍼 복숭아》 로알드 달, 시공주니어
	3단계	《마법의 술》 미하엘 엔데, 비룡소 《오즈의 마법사 시리즈 1~14》 L. 프랭크 바움, 문학세계사 《장수 만세》 이현 지음, 창비 《짐 크노프와 기관사 루카스》 미하엘 엔데, 주니어김영사 《코랄린》 닐 게이먼, 주니어김영사
중급	1단계	《13개월 13주 13일 도둑맞은 시간》 알렉스 쉬어러, 책과콩나무 《고양이 학교 1부》 김진경 지음, 문학동네 《내 친구 꼬마 거인》 로알드 달, 시공주니어 《늑대 형제》 미셸 페이버, 서울문화사 《최초의 아이》 로이스 로리, 비룡소
	2단계	《나니아 나라 이야기》 C.S.루이스, 시공주니어 《닭다리가 달린 집》 소피 앤더슨, B612북스 《무민 시리즈》 토베 얀손, 어린이작가정신 《호비트의 모험》 J.R.R.톨킨, 창비 《보건교사 안은영》 정세랑 지음, 민음사
	3단계	《끝없는 이야기》 미하엘 엔데, 비룡소 《미오, 우리 미오》 아스트리드 린드그렌, 창비 《반지 전쟁》 J.R.R.톨킨, 황금가지 등 《사자왕 형제의 모험》 아스트리드 린드그렌, 창비 《어스시의 마법사》 어슐러 르 귄, 황금가지

■ SF 미래

초급	1단계	해당 없음
	2단계	《광합성 소년》 존 레이놀즈 가디너, 책과콩나무 《괴수 학교 MS》 조영아 지음, 비룡소 《꿈꾸는 요요》 홍윤희 지음, 대교출판 《노잣돈 갚기 프로젝트》 김진희 지음, 문학동네 《수상한 진흙》 루이스 새커, 창비
	3단계	《깡통 소년》 크리스티네 뇌스틀링거, 미래엔아이세움 《2041 달기지 살인사건》 스튜어트 깁스, 미래인 《복제인간 윤봉구》 임은하 지음, 비룡소 《지엠오 아이》 문선이 지음, 창비 《푸른 하늘 저편》 알렉스 쉬어러, 미래인
중급	1단계	《로봇 소년, 학교에 가다》 톰 앵글버거 외, 미래인 《밀레니얼 칠드런》 장은선 지음, 비룡소 《보손 게임단》 김남중 지음, 사계절 《이덴》 미카엘 올리비에, 바람의아이들 《프랑켄슈타인》 메리 셸리, 문학동네
	2단계	《그림자 아이들》 마거릿 피터슨 해딕스, 봄나무 《로봇의 별》 이현 지음, 푸른숲주니어 《시간 밖으로 달리다》 마거릿 피터슨 해딕스, 보물창고 《싱커》 배미주 지음, 창비 《페인트》 이희영 지음, 창비
	3단계	《계단의 집》 윌리엄 슬레이터, 창비 《기억 전달자》 로리스 로리, 비룡소 《태양의 아들》 로리스 로리, 비룡소 《멋진 신세계》 올더스 헉슬리, 문예출판사 《지니어스 게임》 레오폴도 가우트, 미래인

자연/동물

■ 의인화

초급	1단계	《고양이 택시》 난부 가즈야, 시공주니어 《내 사랑 생쥐》 베아트리스 루에, 비룡소 《생쥐 수프》 아놀드 로벨, 비룡소 《여우의 전화박스》 도다 가즈요, 크레용하우스 《창문닦이 삼총사》 로알드 달, 시공주니어
	2단계	《긴긴밤》 루리, 문학동네 《멋진 여우씨》 로알드 달, 논장 《아프리카에 간 펭귄 36마리》 아퀼리노, 김영사 《푸른 사자 와니니》 이현 지음, 창비 《화요일의 두꺼비》 러셀 에릭슨, 사계절
	3단계	《고양이 마틴의 애완용 생쥐》 딕 킹 스미스, 미래엔아이세움 《도미니크》 윌리엄 스타이그, 비룡소 《아벨의 섬》 윌리엄 스타이그, 비룡소 《어린 여우를 위한 무서운 이야기》 크리스천 맥케이 하이디커, 밝은미래 《진짜 도둑》 윌리엄 스타이그, 비룡소
중급	1단계	《니임의 비밀》 로버트 오브라이언, 보물창고 《마당을 나온 암탉》 황선미 지음, 사계절 《머피와 두칠이》 김우경 지음, 지식산업사 《파피/어두운 숲속에서》 애비 워티스, 보물창고/푸른나무 《열혈 수탉 분투기》 창신강 지음, 푸른숲
	2단계	《샬롯의 거미줄》 엘윈 브룩스 화이트, 시공주니어 《스튜어트 리틀》 엘윈 브룩스 화이트, 숲속나라/책빛 《외톨이 매그너스》 에롤 브룸, 풀빛 《펄루, 세상을 바꾸다》 애비 워티스, 주니어김영사
	3단계	《동물 농장》 조지 오웰, 민음사 등 《버드나무에 부는 바람》 케네스 그레이엄, 살림어린이 《여우꼬리별의 전사》 톰 맥커런, 소년한길 《워터십 다운의 열한 마리 토끼》 리처드 애덤스, 사계절 《파딩 숲의 동물들》 콜린 단, 창비

■ 사람 중심

초급	1단계	《공룡 도시락》 재클린 윌슨, 시공주니어 《누가 우모강을 죽였을까》 최형미 지음, 크레용 하우스 《멍청씨 부부 이야기》 로알드 달, 시공주니어 《엘머의 모험》 루스 스타일스 개니트, 비룡소 《우리 소 늙다리》 이호철 지음, 보리
	2단계	《남극곰》 김남중 지음, 문학동네 《동물대장 엉걸이》 서석영 지음, 시공주니어 《미라가 된 고양이》 재클린 윌슨, 시공주니어 《워터 호스/바다의 선물 크루소》 딕 킹 스미스, 웅진주니어 《조금만, 조금만 더》 존 레이놀즈 가디너, 시공주니어
	3단계	《노들나루의 누렁이》 김상균 지음, 사계절 《버블과 스퀵 대소동》 필리파 피어스, 논장 《안내견 탄실이》 고정욱 지음, 대교/오늘책 《앵무새 돌려주기 대작전》 임지윤 지음, 창비 《우리 개의 안내견을 찾습니다》 시어도어 테일러, 스콜라
중급	1단계	《겁쟁이》 이상권 지음, 시공주니어 《내 사랑 옐러》 프레드 깁슨, 아이세움 《내 친구 윈딕시》 케이트 디카밀로, 시공주니어 《늑대의 눈》 다니엘 페나크, 문지사 《중3 조은비》 양호문 지음, 특별한서재
	2단계	《나의 올드 댄, 나의 리틀 앤》 윌슨 롤스, 웅진닷컴 《내 청춘 시속 370Km》 이송현 지음, 사계절 《뉴욕에 간 귀뚜라미 체스터》 조지 셀던 톰프슨, 시공주니어 《달려라, 모터사이클》 벤 마이켈슨, 양철북 《울프 와일더》 캐서린 런델, 천개의바람
	3단계	《개미》 베르나르 베르베르, 열린책들 《아기 사슴 플랙》 마저리 키난 롤링즈, 시공주니어 《진저 파이》 엘레노어 에스테스, 대교출판 《철학자와 늑대》 마크 롤랜즈, 추수밭 《케스 - 매와 소년》 배리 하인즈, 녹색평론사

■ 동물 중심

초급	1단계	《공룡 도시락》 재클린 윌슨, 시공주니어 《누가 우모강을 죽였을까》 최형미 지음, 크레용 하우스 《멍청씨 부부 이야기》 로알드 달, 시공주니어 《엘머의 모험》 루스 스타일스 개니트, 비룡소 《우리 소 늙다리》 이호철 지음, 보리
	2단계	《남극곰》 김남중 지음, 문학동네 《동물대장 엉걸이》 서석영 지음, 시공주니어 《미라가 된 고양이》 재클린 윌슨, 시공주니어 《워터 호스/바다의 선물 크루소》 딕 킹 스미스, 웅진주니어 《조금만, 조금만 더》 존 레이놀즈 가디너, 시공주니어
	3단계	《노들나루의 누렁이》 김상균 지음, 사계절 《버블과 스퀵 대소동》 필리파 피어스, 논장 《안내견 탄실이》 고정욱 지음, 대교/오늘책 《앵무새 돌려주기 대작전》 임지윤 지음, 창비 《우리 개의 안내견을 찾습니다》 시어도어 테일러, 스콜라
중급	1단계	《겁쟁이》 이상권 지음, 시공주니어 《내 사랑 옐러》 프레드 깁슨, 아이세움 《내 친구 윈딕시》 케이트 디카밀로, 시공주니어 《늑대의 눈》 다니엘 페나크, 문지사 《중3 조은비》 양호문 지음, 특별한서재
	2단계	《나의 올드 댄, 나의 리틀 앤》 윌슨 롤스, 웅진닷컴 《내 청춘 시속 370Km》 이송현 지음, 사계절 《뉴욕에 간 귀뚜라미 체스터》 조지 셀던 톰프슨, 시공주니어 《달려라, 모터사이클》 벤 마이켈슨, 양철북 《울프 와일더》 캐서린 런델, 천개의바람
	3단계	《개미》 베르나르 베르베르, 열린책들 《아기 사슴 플랙》 마저리 키난 롤링즈, 시공주니어 《진저 파이》 엘레노어 에스테스, 대교출판 《철학자와 늑대》 마크 롤랜즈, 추수밭 《케스-매와 소년》 배리 하인즈, 녹색평론사

모험/추리/풍자/장애

■ 모험/추리/운동

초급	1단계	《멜롭스 가족의 동굴 탐험》 토미 웅거러, 비룡소 《병만이와 동만이 그리고 만만이 시리즈》 허은순 지음, 보리 《에밀의 325번째 말썽》 아스트리드 린드그렌, 논장 《우리의 영웅 머시》 케이트 디카밀로, 비룡소 《이 고쳐 선생과 이빨투성이 괴물》 롭 루이스, 시공주니어
	2단계	《가출할 거야》 야마구치 사토시, 크레용하우스 《김 배불뚝이의 모험》 송언 지음, 웅진주니어 《방학 탐구 생활》 김선정 지음, 문학동네 《소녀 탐정 캠 시리즈》 데이비드 A. 애들러, 논장 《초콜릿 전쟁》 오이시 마코토, 책내음
	3단계	《소년 탐정 칼레》 아스트리드 린드그렌, 논장 《스무 고개 탐정》 허교범 지음, 비룡소 《스파이 스쿨》 스튜어트 깁스, 주니어RHK 《5번 레인》 은소홀 지음, 문학동네 《칠칠단의 비밀》 방정환 지음, 사계절/보물창고
중급	1단계	《두근두근 체인지》 알렉스 쉬어러, 미래인 《수상한 아빠》 데이비드 윌리엄스, 제제의숲 《쌍둥이 루비와 가닛》 재클린 윌슨, 시공주니어 《켄즈케 왕국》 마이클 모퍼고, 풀빛 《흑룡 전설 용지호》 김봉래 지음, 문학동네
	2단계	《손도끼》 게리 폴슨, 사계절 《손도끼의 겨울 이야기》 게리 폴슨, 우리같이 《에밀과 탐정들》 에리히 캐스트너, 시공주니어 《플라이 대디 플라이》 가네시로 가즈키, 북폴리오 《할아버지의 위대한 탈출》 데이비드 윌리엄스, 크레용하우스
	3단계	《나의 라임오렌지 나무 1》 J. M. 바스콘셀로스, 동녘 《왕자와 거지》 마크 트웨인, 민음사 《이름을 훔치는 페퍼 루》 제럴딘 머코크런, 시공사 《좋은 도둑들》 캐서린 런델, 천개의바람 《톰 소여의 모험》 마크 트웨인, 민음사

■ 풍자/장애

초급	1단계	《내 친구는 시각장애인이에요》 프란츠 요제프 후아이니크, 주니어김영사 《모두가 고릴라》 야마나카 히사시, 사계절 《아주아주 많은 달》 루이스 슬로보드킨, 시공주니어 《애벌레가 애벌레를 먹어요》 이상권 지음, 웅진주니어
	2단계	《나는 입으로 걷는다》 오카 슈조, 웅진닷컴 《나와 조금 다를 뿐이야》 이금이 지음, 푸른책들/밤티 《내 동생 아영이》 김중미 지음, 창비 《도토리 사용 설명서》 공진하 지음, 한겨레출판사 《욕 시험》 박선미 지음, 보리
	3단계	《꼬마 바이킹 비케》 루네르 욘손, 논장 《나는 백치다》 왕수펀, 웅진닷컴 《불꽃머리 프리데리케》 크리스티네 뇌스틀링거, 한길사 《앨피의 다락방》 베치 바이어스, 사계절 《용과 함께》 하나가타 미쓰루, 사계절/마루비
중급	1단계	《너를 위한 50마일》 조단 소넨블릭, 시공사 《넌 아름다운 친구야》 원유순 지음, 푸른책들 《우리 누나》 오카 슈소, 웅진닷김 《제이넵의 비밀 편지》 아지즈 네신, 푸른숲 《조이, 열쇠를 삼키다》 잭 갠토스, 비룡소
	2단계	《달만큼 큰 미소》 마이클 커제스, 홍익출판사 《박사가 사랑한 수식》 오가와 요코, 이레/현대문학 《아몬드》 손원평 지음, 다즐링/창비 《하늘을 달리는 아이》 제리 스피넬리, 다른 《합체》 박지리 지음, 사계절
	3단계	《난치의 상상력》 안희제 지음, 동녘 《스타걸》 제리 스피넬리, 북뱅크 《안녕, 기요시코》 시게마츠 기요시, 양철북 《우리는 물속에 산다》 요코미치 마코토, 글항아리 《피티 이야기》 벤 마이켈슨, 양철북

생활

■ 친구/형제

초급	1단계	《가정통신문 소동》 송미경 지음, 위즈덤하우스 《까막눈 삼디기》 원유순 지음, 웅진주니어 《깡딱지》 강무홍 지음, 사계절 《주사기가 온다 시리즈》 알랭 M. 베르즈롱, 시공주니어 《토요일의 보물찾기》 베치 바이어스, 큰북작은북
	2단계	《동생》 조은 지음, 푸른숲 《마법사 똥맨》 송언 지음, 창비 《미니 시리즈》 크리스티네 뇌스틀링거, 풀빛 《양파의 왕따 일기》 문선이 지음, 푸른놀이터/주니어파랑새 《욕 좀 하는 이유나》 류재향 지음, 위즈덤하우스
	3단계	《굿바이 마이 프렌드》 오리하라 미토, 양철북 《마디타》 아스트리드 린드그렌, 문지사 《용기 없는 일주일》 정은숙 지음, 창비 《트루먼 스쿨 악플 사건》 도리 힐레스타드 버틀러, 미래인 《휘파람 반장》 시게마츠 기요시, 양철북
중급	1단계	《너도 하늘말나리야》 이금이 지음, 푸른책들/밤티 《봄이 오면 가께》 기시모토 신이치, 한림출판사 《새로운 엘리엇》 그레이엄 가드너, 생각과느낌 《해바라기 카 짱》 니시카와 츠카사, 뜨인돌 《형, 내 일기 읽고 있어?》 수진 닐슨, 라임
	2단계	《못된 장난》 브리기테 블로벨, 푸른숲 《스피릿 베어》 벤 마이켈슨, 양철북 《우아한 거짓말》 김려령 지음, 창비 《잔혹한 통과의례/링어, 목을 비트는 아이》 제리 스피넬리, 보물창고/메타포 《처음엔 사소했던 일》 왕수펀, 뜨인돌
	3단계	《나의 눈부신 친구》 엘레나 페란테, 한길사 《분리된 평화》 존 놀스, 문예출판사 《빨간 기와》 차오원쉬엔, 새움 《울지 마 지로 1~2》 시모무라 고진, 양철북 《초콜릿 전쟁》 로버트 코마이어, 비룡소

■ 부모/교사/어른

초급	1단계	《나는 싸기대장의 형님》 조성자 지음, 시공주니어 《나쁜 어린이 표》 황선미 지음, 시공주니어 《리지 입은 지퍼 입》 재클린 윌슨, 시공주니어 《벌렁코 하영이》 조성자 지음, 사계절 《아빠 팔이 부러졌어요》 구스타프 세더룬드, 한길사
	2단계	《그림 도둑 준모》 오승희 지음, 낮은산 《들키고 싶은 비밀》 황선미 지음, 창비 《밤티마을 큰돌이네 집》 이금이 지음, 푸른책들/밤티 《아저씨, 진짜 변호사 맞아요?》 천효정 지음, 문학동네 《조커, 학교 가기 싫을 때 쓰는 카드》 수지 모건스턴, 문지사
	3단계	《로테와 루이제》 에리히 캐스트너, 시공주니어 《멋진 녀석들》 에릭 월터스, 우리교육 《무너진 교실》 사이토 에미, 미래엔아이세움 《불량한 자전거 여행》 김남중 지음, 창비 《행운이와 오복이》 김중미 지음, 책읽는곰
중급	1단계	《구덩이》 루이스 새커, 창비 《내가 나인 것》 야마나카 히사시, 사계절 《니 부모 얼굴이 보고 싶다》 하타사와 세이고, 다른 《우리의 챔피언 대니》 로알드 달, 시공주니어 《해피 버스데이》 아오키 가즈오, 문학세계사
	2단계	《순례 주택》 유은실 지음, 비룡소 《열네 살의 인턴십》 마리 오드 뮈라이유, 바람의아이들 《열일곱 살의 털》 김해원 지음, 사계절 《완득이》 김려령 지음, 창비 《유원》 백온유 지음, 창비
	3단계	《괴짜 사회학》 수디르 벤카테시, 김영사 《나는 선생님이 좋아요》 하이타니 겐지로, 양철북 《멜라닌》 하승민 지음, 한겨레출판사 《목요일의 아이》 시게마쓰 기요시, 크로스로드 《이처럼 사소한 것들》 클레어 키건, 다산책방

사회/역사

■ 사회

초급	1단계	해당 없음
	2단계	해당 없음
	3단계	《엄청나게 시끄러운 폴레케 이야기 1~2》 휘스 카위어, 비룡소 《우리 가족, 시골로 간다 1~5》 하이타니 겐지로, 양철북
중급	1단계	《강 마을에 한 번 와 볼라요?》 고재은 지음, 문학동네 《괭이부리말 아이들》 김중미 지음, 창비 《문제아》 박기범 지음, 창비 《유진과 유진》 이금이 지음, 푸른책들/밤티 《티모시의 유산》 시오도어 테일러, 뜨인돌
	2단계	《골목 전쟁/손수레 전쟁》 진 메릴, 다른 《소년, 세상을 만나다》 시게마츠 기요시, 양철북 《에디의 끝》 에두아르 루이, 열린책들 《요헨의 선택》 한스 게오르크 노아크, 풀빛 《진실만을 말할 것을 맹세합니까》 애비 워티스, 푸른길
	3단계	《1984》 조지 오웰, 민음사 등 《광막한 사르가소 바다》 진 리스, 웅진지식하우스 《나는 복어》 문경민 지음, 문학동네 《생사불명 야샤르》 아지즈 네신, 푸른숲 《허삼관 매혈기》 위화, 푸른숲

■ 역사

초급	1단계	해당 없음
	2단계	《남북 공동 초등학교》 신천희 지음, 파랑새어린이 《바람의 아이》 한석청 지음, 푸른책들 《아, 발해》 송언 지음, 우리교육 《마음으로 새기는 글자, 직지/천년의 사랑 직지》 조경희 지음, 개암나무/대교 《초정리 편지》 배유안 지음, 창비
	3단계	《노근리, 그 해 여름》 김정희 지음, 사계절 《마사코의 질문》 손연자 지음, 푸른책들 《졸참나무처럼》 우봉규 지음, 시공주니어 《책과 노니는 집》 이영서 지음, 문학동네
중급	1단계	《기찻길 옆 동네》 김남중 지음, 창비 《초콜릿 한 조각》 얍 터르 하르, 다림 《마녀 사냥》 레이프 에스페르 안데르센, 보림 《몽실 언니》 권정생, 창비
	2단계	《거기, 내가 가면 안 돼요?》 이금이 지음, 사계절 《나무 소녀》 벤 마이켈슨, 양철북 《모스 가족의 용기 있는 선택》 엘린 레빈, 우리교육 《아버지의 남포등》 윌리엄 암스트롱, 소년한길 《파친코》 이민진 지음, 인플루엔셜
	3단계	《두 도시 이야기》 찰스 디킨스, 시공사 등 《빵과 장미》 캐서린 패터슨, 문학동네 《알로하, 나의 엄마들》 이금이 지음, 창비 《태양의 아이》 하이타니 겐지로, 양철북 《소년이 온다》 한강 지음, 창비

참고 자료

존 듀이 지음, 《존 듀이의 경험과 교육》, 엄태동 옮김, 박영 스토리, 2019

A.S 니일 지음, 《서머힐》, 손정수 옮김. 산수야, 2014

장 피아제 지음, 《교육론》, 이병애 옮김, 동문선, 2005

J.S 브루너 지음, 《브루너 교육의 과정》, 이홍우 옮김, 배영사, 2017

진보교육연구소 비고츠키교육학실천연구모임 지음, 《관계의 교육학, 비고츠키》, 살림터, 2015

린 에릭슨 외 지음, 《생각하는 교실을 위한 개념 기반 교육과정 및 수업》, 온정덕 등역, 학지사, 2019

웬디 헤이돈 외 지음, 《지식론-IB 디플로마를 위한 코스 가이드》, 강수희 등역, 사회평론아카데미, 2023

론 리치하트 외 지음, 《생각이 보이는 교실》, 최재경 역, 사회평론아카데미, 2023

스키마언어교육연구소 지음, 《몰입독서》, 학교도서관저널, 2022

IBO, 〈IB 교육이란 무엇인가〉, 2020

https//www.ibo.org/about-the-ib/the-ib-by-region/ib-asia-pacific/resources-for-schools-in-south-korea/"https://www.ibo.org/about-the-ib/the-ib-by-region/ib-asia-pacific/resources-for-schools-in-south-korea/

IB 탐구 수업과 질문하는 문해력

초판 1쇄 발행 2025년 4월 30일

지은이 독서생활연구소(신현주, 유영호, 오선이)

책임편집 도은주

펴낸이 윤주용
편집 류정화, 박미선 | 마케팅 조명구 | 홍보 박미나

펴낸곳 초록비공방
출판등록 2013년 4월 25일 제2013-000130
주소 서울시 마포구 동교로27길 53 308호
전화 0505-566-5522 | 팩스 02-6008-1777

메일 greenrainbooks@naver.com
인스타 @greenrainbooks @greenrain_1318
블로그 http://blog.naver.com/greenrainbooks

ISBN 979-11-93296-86-8 (03370)

어려운 것은 쉽게 쉬운 것은 깊게 깊은 것은 유쾌하게

초록비책공방은 여러분의 소중한 의견을 기다리고 있습니다.
원고 투고, 오탈자 제보, 제휴 제안은 greenrainbooks@naver.com으로 보내주세요.